打倒！
センター試験の現代文

石原千秋 Ishihara Chiaki

★──ちくまプリマー新書
217

はじめに

この本はたった一つの明確な目的を持って書かれた。「**センター試験をぶっ壊せ！**」である。その方法は、センター試験の現代文を無意味にすることだ。それには、受験生がみんな満点を取ってしまえばいいのである。差がつかなければ選抜試験は無意味になる。

もちろん、センター試験の現代文で受験生全員が満点を取ることはあり得ないだろう。しかし、それに近い状態は作れるのではないかと思っている。それが、この本を書く目的だ。

これは受験生諸君とも利害（?）が一致すると思う。

こう書く以上は、僕はセンター試験即刻廃止論者だ。だからしばらくのあいだ、文章がちょっと荒っぽくなるのを許してほしい。僕は怒っているのだ。

センター試験ははじめは国公立大学だけのための試験だった。名称も共通一次試験と呼ばれていた。それを広めようと、文部科学省が私立大学にも参加しやすいように、大学ごとに科目を指定できるようにした。そして、しだいに難易度を下げた。それで、いまのように多くの私立大学が参加するようになったのだ。いまは国公立大学も科目を指定できるようになって、重要な入試戦略の一つになっている。

ところが、センター試験の現代文ときたら……。

この本を書くためにセンター試験の現代文を何年分か解いてみた。鼻歌交じりに解いて採点したら、自分でもビックリするくらいたくさんまちがえた。きっと鼻歌交じりでなくても、たくさんまちがえただろうと思う。特に、小説問題がひどかった。それで、こういう感想を持った。

「ばかばかしい。」

実は、これでもかなり上品に書いたのである。ほんとうは、こう思った。

「くだらない。」

こんな試験問題でもし若い人の人生を左右するのだとすれば、その罪深さははかりしれない。僕はこれまでもセンター試験の現代文については何回か解き方を書いたことがある。しかし、それではまだまだ生ぬるいと思った。もっと無味乾燥に、つまり技術的にテクニカルに書いておこうと思った。センター試験の小説問題は「文学」とは無関係だからだ。それなら、小説を味わう必要などない。

僕の教え子には高等学校で国語を教えている教員も少なくない。理系の受験生にとってはセンター試験の現代文（特に小説問題）は鬼門だと聞いている。そういう受験生にとっても「使える」本にしたいと思った。こんな「くだらない」問題で、将来を棒に振る理系の若者がいたら気の毒だと思うからだ。それから評論問題は、内容がわからなくても、消去法だけで「正解」が割り出せてしまう。

僕はこの本で出題者にツッコミを入れたり批判したりしたけれども、むしろ同情しているのである。僕もこの条件で試験問題をつくらなければならないとしたら、たぶん同じようなものになるだろうと思うからだ。問題は、つくる人にではなく、センター試験という制度にある。

この本で僕が説く技術とテクニックは、僕がもう一〇年以上も前から言い続けている「国語教育は道徳である」という主張を、これまでよりずっと明確に方法化したものだ。だから、ふつうの受験参考書とは少しばかり解き方の説明がちがっていると思う。しかし、これは「国語教育という思想」にもとづいた方法だから、一度理解すればいくらでも応用可能だ。

それを一言で言えば、「受験国語とは紙の上の学校」だということである。学校では「良い子」が求められるし、「良い子」に育てることが目的でもある。だから、受験国語でも「良い子」の答案が求められる。選択肢も「良い子」が選びそうな選択肢が「正解」となる。

この思想を方法化したのが、この本で言う技術でありテクニックだ。マスターするのは、むずかしくない。おそらくは君たちが無意識のうちに、先生が求めるような「良い子」として振る舞っているその振る舞い方を方法化したものだからだ。いわば「良い子という方法」である。

小説問題では登場人物はすべて「善人」だと思い、評論問題では「進歩的知識人」のふりをすればいい。『現代文』の教科書にも、そうした評論がズラッと並んでいるはずだ。

もっとも、現実の世界で「良い子」として振る舞うやり方を知っていても、「紙の上の学校」で「良い子」として振る舞う方法を理解していない受験生は少なくない。「良い子になる方法、教えます。」これがこの本の基本的なスタンスだ。

この基本的なスタンスを含めて分析し、特に小説問題ではセンター試験の小説問題が求める「正解」の水準をかなりのところまで明らかにできた。小説問題でつまずく受験生が多いから、是非参考にしてほしい。そして満点を取って、僕のセンター試験即刻廃止運動に加わってほしい。

こうした意味において、この本は単なる受験技術解説本ともちがう。この本で示した解答方法は、日本の国語教育が変わらないかぎりどこでも使える。いま進行している受験における人物評価の重視や、「道徳」の教科化などの政策も同じ思想によっているから、むしろ「良い子」に仕立て上げる教育は強化されていると言ってもいい。そのことについては、僕がセンター試験即刻廃止論者である理由も含めて「おわりに」で触れよう。

いまはまず、君たちが「良い子という方法」を身につけて、センター試験をぶっ壊してくれることを本気で願っている。少なくとも大学では、君たちに「紙の上の不良」になることをむしろ求めているからだ。

目次 ＊ Contents

序章　「良い子という方法」とはどういうものか

◆センター試験の現代文を解くのに必要な能力

鼻歌交じりでセンター試験の現代文を解いて大失敗した僕も、さいわい問題を解くコツはわりとすぐにつかめた。つまり、問題作成の法則はわりとすぐにつかめた。それを、問題を解く立場の受験生に求められる能力としてまとめておけば、次のようになる。

まずは、小説問題を解くために求められる能力を挙げておこう。

> ①書いてあることを過不足なくまとめること＝**情報整理能力**
> ②書いてあることを別の言葉に言い換えること＝**翻訳能力**
> ③書かれていない「心情」を多くの人がそう思うだろうように想像すること＝**小市民的感情力**
> ④出題者と物語を共有すること＝**物語パターン化能力**

センター試験の現代文では、問題文と選択肢とを見比べて、本文の内容を過不足なく表現している選択肢を「正解」として選ばなければならない。そのための基礎作業として、問題文に書いてあることを過不足なくまとめる**情報整理能力**がまず求められる。これが①である。

ただし、この「過不足なく」とはどういうことかがむずかしい。なぜなら、選択肢が問題文をそのまま書いていたら「正解」丸見えで問題にならないから、出題者は常識的に許される範囲で問題文の表現を別の言葉で言い換える。これがここで言う「翻訳」である。

したがって、「過不足なく」とは「過不足なく言い換えられている」ことを意味する。そこで「正解」にたどり着くためには、問題文の表現がどのように「翻訳」されているかを見破らなければならないわけだ。それが②の**翻訳能力**である。

いま、「常識的に許される範囲で」と書いた。その「常識的」とはどういうことをいうのだろうか。それは、作中人物の言動を読んだ多くの人＝一般大衆なら、作中人物の内面をこのように理解するだろうなと想像する範囲を指している。つまり、最大公約数的な想像力のことだ。受験国語ではその想像力とは「良い子」の想像力のことだから、いかにも小市民的な想像力となる。これが③である。

これを「小市民が持つ感情の範囲を想定できる能力」という意味で、**小市民的感情力**と呼んでおきたい。これが「はじめに」で書いた「良い子という方法」にあたる。君たちはもう若者だから小市民と呼び変えておくことにした。受験国語を解くときにはこれがキモになる。

この①から③では、まだ小説問題を解くには不十分だ。出題された小説がどういう物語かを把握しておかなければならないからである。ここで言う「物語」とは「ある枠組によってつくられたストーリーのまとまり」というほどの意味である。そしてこの「ある枠組」こそが、小市民的感性なのである。こうしてつくられた「物語」を一文で要約して把握しておくと、大きなまちがいを犯さなくてすむ。それを**物語パターン化能力**と呼んでおいた。

これが④なのだが、もう少し説明しておこう。

いま多くの高校生は二年生のときに夏目漱石の『こころ』を教室で読む。その時、『こころ』をどのような「物語」として読むだろうか。文学は自由に読んでいい芸術だから、幾通りも読み方があるはずだ。つまり、『こころ』という小説からは幾通りもの「物語」が取り出せるはずだ。しかし、教室ではなぜか一つの「物語」にまとめられていく。そうでなくても、定期試験ではなぜか「正解」が一つに決められてしまう。

その「正解」を決めるのが「ある枠組」の力なのである。僕は『こころ』を「「先生」が親友のKを殺す物語」と読んでいる（この読み方は『『こころ』で読みなおす漱石文学──大人になれなかった先生』（朝日文庫）にやさしく、そして詳しく書いておいた）。

しかし、教室では「「先生」が親友のKを裏切る物語」と読んではいないだろうか。この読み方には「友情は大切」とか「裏切りは悪い」といった「ある枠組＝ある思想」が働いている。そう、これこそが「良い子」の読み方なのだ。そして、これこそが小市民的感性から読む『こころ』という「物語」なのだ。

国語教育や受験国語で働く「ある枠組」とは、「善をなすべし」といういかにも小市民的な感性だ。小説問題ではこの「枠組」にそって設問がつくられ、「正解」が一つに決められる。それを見抜く力が④なのである。

ただし誤解のないように付け加えておくと、『こころ』を「「先生」が親友のKを裏切る物語」として読むことがまちがいだと言いたいのではない。このように、『こころ』から「善をなすべし」という「教訓」を読むことは、多くの読み方の中の一つにすぎないと言いたいのである。

ところが、教室に働く「良い子」として読む力学が、「「先生」が親友のKを裏切る物語」として読むことがあたかも唯一の「正しい」読み方であるかのように信じ込ませてしまうのだ。大学一年生に小説の読み方を教えていると、いかに多くの学生が、小説から「人間は〜

であるべきだ」という「教訓」を読みとりたがるかがよくわかる。教室に働いている「良い子」の力学がいかに強いかを痛感させられる。少し大袈裟《おおげさ》に言えば、人間から心の自由を奪うのである。だから、センター試験の小説問題は罪深いと思う。

次に、評論問題を解くために求められる能力を挙げておこう。

①書いてあることを過不足なくまとめること＝**情報整理能力**
②書いてあることを別の言葉に言い換えること＝**翻訳能力**
③二項対立にそって論述されている道筋を整理すること＝**二項対立参照能力**

①と②は小説問題と基本的に同じだから、説明は省略しよう。もっとも、実際には①と②を駆使して消去法を使えば、内容がよくわからなくても「正解」を割り出すことが可能だ。③は、①と②を駆使する助けになる。

「二項対立」とは、「善と悪」のように二つの対立する項目を対比させながら論じていく方法を言う。これには、「都会と自然」とか「大人と子ども」とか「共同体と個人」とか「国家と個人」とか「国家と共同体」という具合にいくつものバリエーションがあるから、それらを覚えてしまうことだ。そして、問題文ではどちらの項目を良いものとして評価しているかを見抜くことだ。

たとえ一つの項目しか論じられていなくても、対立するもう一つの項目が隠されているはずだ。とてもわかりやすい例を挙げておこう。

場所を示す「ここ」という言葉だけが書かれていたとしよう。しかし、「ここ」を「ここ」として認識できるためには、「ここ」と対立する「あそこ」の存在が大前提となる。「あそこ」を想定しない「ここ」は実はいまだ「ここ」でさえない。言い換えれば、「あそこ」を想定しない「ここ」は社会の中の「ここ」ではないということだ。場所は関係的なものだから、こういう「ここ」はいまだ「ここ」でさえないと言ったのである。

あるいは「スカイツリーは背が高い」という文があったとしよう。これが意味を持つのは、スカイツリーを何かと比べているからだ。いまこの文を読んで、君は無意識にあるものとスカイツリーとを比べてはいなかっただろうか。多くの人は、東京タワーと比べたのではないだろうか。そう、「〜は〜である」というだけの文でさえ、何かと比べてはじめて意味を持つのである。

このように隠された対立項を見抜くことができれば、特に論理立っていない説明的な評論でも理解しやすくなる。試みに、よく使われる二項対立を挙げておこう。上にある項目が、より権力に近い項目か、あるいは近代では価値があると思われがちな項目である。

〈善／悪〉〈中心／周縁〉〈内／外〉〈大人／子ども〉〈心／物〉〈心／体〉〈精神／肉体〉〈社会／個人〉〈男／女〉〈都市／自然〉〈都市／田舎〉〈科学・技術・人工／自然〉〈文化（文明）／自然〉〈文明／野蛮〉〈生／死〉〈光／闇《やみ》〉〈明／暗〉〈現実／夢〉〈この世／あの世〉〈他者／自己〉〈共同体／個人〉〈国家／共同体〉〈国家／個人〉〈理性／野生〉〈意識／無意識〉

そこで、この二項対立を用いた評論の型が次のように二つできることになる。

1　上の言葉に価値をおく評論（保守的な評論）
2　下の言葉に価値をおく評論（進歩的な評論）

保守的な評論では「子どもは理性的な大人に成長すべきである」というようなことを主張するのに対して、進歩的な評論では「子どもには大人が失ってしまった自然というすばらしい可能性がある」というようなことを主張することになる。

小説問題と同じように、評論をたった一文で要約する練習を是非繰り返してほしい。結論を言ってしまえば、受験国語の評論では「2　下の言葉に価値をおく評論（進歩的な評論）」が圧倒的に多い。

下の言葉が現実を批判的に捉《とら》えるのに用いられることは、大学受験国語の評論では下の言葉がテーマや結論になった文章が圧倒的に多いということだ。入試問題の出題者となる高校歴キャリアが多い大学教員は、「進歩的知識人」が好きなのである。どうやら大人の世界では、「進歩的知識人」が「良い子」として位置づけられているようだ。

たとえば政治の世界では、「軍備を拡大して戦争ができる国にしよう、それが独立国家としての日本のあるべき姿なのだから、血を流してでも国を守る愛国心を持とう」と主張するのが保守派で、それに対して「いや、戦争はしないで最低限の自衛権だけ持って、あとは外交努力で解決しよう」と主張するのが「進歩的知識人」で、かつ「良い子」ということになっているようだ。

センター試験における小説問題と評論問題に共通する技術を、もう一つ挙げておこう。選択肢を選ぶ問題の常として、①と②にはいわゆる「消去法」が深く関わる。と言うよりも、消去法を有効に使うために①と②の能力が不可欠なのである。

センター試験の現代文では、選択肢の文章がグチャグチャ、クネクネしていて判じ物のようになっている。添削しなければまともに読めないような文章だ。問題文よりも選択肢の文章を読むことが試されているような感じさえする。だからセンター試験の現代文では、選択肢の文章だけでは「これが正解」とは言い切れない場合が少なくない。したがって、消去法は絶対である。

これらの能力と消去法という技術が身につけば、センター試験の現代文はこわくない。もっとも、語彙《ごい》力などはこの本では扱わない。それは君たちが勉強して身につけてほしい。

◆センター試験というイニシエーション

実は、僕自身は大学の受験勉強をほとんどしたことがない。その事情はすでに他の本に書いたことがあるが、簡単におさらいしておこう。

いまはすでに死語となったが、高校生の僕は「文学青年」だった。授業中も小説ばかり読んでいた。そして、二人のガールフレンド（これも死語かな）と毎日交換日記を書いていた。だから、勉強などする時間はなかった。当然、浪人である。それでもまだ小説ばかり読んでいた。

二浪がほぼ決まった二月の終わりに、成城大学がその頃は珍しかった二期試験を三月に行うという新聞広告を偶然見た。それで、「そういえば、受験生は赤本とかいうやつを買って過去の問題を解くようだな」とぼんやり考えて、生まれてはじめて「赤本」を買った。まだ「過去問」という言葉はなかったと思う。半日かけて日本史と英語の傾向を分析した。かなりはっきりした傾向があることがわかった。

それからの一〇日間ほどは、毎日一〇時間ほど勉強した。国語は実力で解くことにした。試験当日、日本史と英語の三分の二ぐらいはその一〇日間に勉強したことから出題されていた。それで、唯一合格したのが成城大学だったのである。

このエピソードから得られる教訓は、受験には過去問の分析が必要だというごくあたりまえのことだ。それから、どうやら僕の分析能力は高いらしいということだ。大学院の試験も、五問中三問までが予測とまったく同一だった。たとえば、「『万葉集』の時代区分について論じなさい」は一字一句にいたるまで予測通りだった。だから、僕の分析は信用してもいいかもしれない（かも……）。

ただし、センター試験の出題者は基本的に二年交替のようだから（知らない振りをしておく）、この二年ほどの現代文の迷走ぶりというか、妙な懐古趣味は修正されるかもしれない。ただ、小説問題は古いものから出題されるのではないかと予想する人が多い。それでも基本的な作問の方法は踏襲されているから、この本は空振りにはならないと思っている。

この本では味気ないとか物足りないという人には、ちょっとだけ宣伝の意味もこめて、僕が書いた本を薦めておこう。

評論問題については、『教養としての大学受験国語』（ちくま新書）で、大学受験に出そうな基本的なテーマを押さえることができる。大学受験評論を解きながら、大学で文系学部に入学するために知っておいてほしいことをも書いたので、「教養として」というタイトルにした。

小説問題については、『大学受験のための小説講義』（ちくま新書）で、出題された小説問題の鑑賞にまで踏み込んで書いた。出版された当時は、短期大学の日本文学科で文学入門的な教科書として使われていたこともある。二次試験で小説問題が出題される国公立大学を受験する場合にも、役に立つと思う。

センター試験はイニシエーション（大学に入るための通過儀礼）と割り切ってやりすごし、ちゃんとした勉強は大学に入ってからにしよう。特に小説問題に関しては、「文学はこんなものじゃない」と声を大にして言いたい。

僕がものすごく勉強したのは、大学と大学院時代だった。そのクソ勉強の貯金がなかったら、いまこうして原稿など書いてはいられなかった。大学と大学院時代の勉強は楽しかった。まったく自由に勉強ができたから。もっとも、自由ほど恐ろしいものはないと知ったのも、大学院生時代だった。

そういう貴重な時間を得るために、君たちにはセンター試験などはさっさとクリアーしてほしいと願っている。いや、祈っている。

では、センター試験の現代文というイニシエーションを上手にやりすごす方法を、実際に問題を解きながら身につけよう。

第1章

小市民になる方法を教えよう
――センター試験の小説問題

◆教科としての国語と入試国語

入試国語は学校教育における「国語」とどのような関係にあるのだろうか。入試国語と日々の国語の授業はずいぶんちがっていると感じる受験生も多いだろうから、そこから考えてみよう。

義務教育課程である小学校と中学校においては、活字になっているもの、すなわち中学入試国語と教科書国語はある程度の共通点がある。すでに書いたように、それはどちらも大枠において「道徳的」だということである。これは大量の中学入試国語と高校入試国語、それに小学校国語と中学校国語の教科書を分析して得た結論だ。

「人格の陶冶《とうや》」（人格を「正しく」育てること）などと言えば高尚に聞こえるが、要するに「良い子」を育てるのが日本では義務教育課程の目標の一つだから、つまらなくてもやむを得ない面がある。

アメリカでは「個性」を育てるのが教育の重要な目標の一つだから、国によってずいぶんちがっている。日本では「みんなと同じ」がいいことになっているから、アメリカに留学した人ははじめは面食らうことが多いという。

日本の大学生は一年生ぐらいだと、演習で発言するときに「これは私の考えなんですが」と前置きすることがある。その真意は「これは、先生が期待している「正解」でないかもしれませんが……」というエクスキューズなのである。高校までにどういう教育を受けてきたかがよくわかる。

それがわかっているから、最近は「君の口からほかの人の意見を聞こうとは思っていないよ」と、ちょっと意地悪な言い方で挑発する。実は、僕だって常に「正解」を持っていて質問をしているとは限らない。学生に期待して、僕にももやもやしていてきちんと説明できないことを質問していることも少なくはないのだ。

それでも、最近は発言する大学生が増えてきたのは喜ばしい。「ゆとり教育」も悪いことだけではなかった。しかし、まだディスカッションには慣れていない。質問と答えが一往復で終わってしまうことが多い。質問者は納得していないのに、気を遣って引き下がってしまうのだ。

アメリカに留学した人によると、ディスカッションの授業で発言をためらっていたら、「あなたはずるい」と言われたという。人の発言から得るばかりで、自分が発言して人に与えていないからだというわけだ。アメリカが一番とは思わないが、世界を見渡せば、日本人の「謙虚さ」は少数派のようだ。

◆国語教育と「道徳」

どうして日本人は「謙虚」なのだろうか。義務教育課程で「道徳」を教えすぎるからだ。しかもその「道徳」の内容がいけない。マナーは教えるべきだと思うが、「みんなと同じがいいことだ」と教えているような感じがある。もちろん、考え方や感じ方も同じでなければならない。

たとえば小説問題では、登場人物の「気持ち」がよく問われる。しかし、小説は自由に読んでいいジャンルだから、「気持ち」の読み方、つまり想像の仕方も十人十色だろう。それでも試験会場で「正解」が一つに決まるのは、「道徳的に正しい選択肢だけが正解」という見えないルールが働いているからだ。

すなわち、入試国語は小説がいかによく読めるかを問うているのではない。「社会の常識を身につけている度合い」や「学校空間への適応力」を試しているのである。言葉を換えて言えば、入試国語は受験勉強を教えやすく、生活指導も少なくてすむような、「良い子」を選別しているのだ。

国語教科書はどうだろうか。高校国語の教科書なら二〇年ほど編集した経験がある。そこですぐに学んだのは、暴力、セックス、新興宗教、天皇制、差別問題、身体障害などに関する教材はまず編集会議に提案されないし、万が一提案されてもまちがいなく却下されるということだ。「良識」が働くわけだ（『国語教科書の思想』ちくま新書、二〇〇五・一〇）。

こういう「危ない」テーマを避ければ、「社会の常識」の枠内に収まるような文章しか国語教科書には採録できない。そういう教科書で国語を勉強すれば、めでたく「良い子」ができあがるかもしれない。これが、入試国語と教科書国語の共通点である。

もちろん、日常の授業はそれなりの自由度がある。特に国立や私立の学校の自由度は、公立の学校と比べて相対的に高い。だから「国語教育は道徳教育だ」と言うと、「いや、私は教科書を教えてはいない、教科書で教えているのだ」とか、端的に「あなたは現場を知らない」と反論されることがある。

しかし、学校にも試験がある。〈国語教科書→授業→定期試験〉という流れの中で、試験に日常の授業の営みが反映できているのだろうか。教育学部に所属しているから教え子には教員も多いし、現場の教員の話を聞く機会も少なくない。誠実な教員ほど「国語教科書の思想」にそって「正解」を一つに決めなければならない試験をどうするか、とても深刻に悩んでいる。

それに学生と話をすると、高校までは「良い子の作文を書くように心がけていた」とか、「良い子の作文を書く自分がとてもいやだった」と告白する声をいかに多く聞かされることか。自由度が高いはずの授業でも、「自由」ではないのだ。もちろん、大学の授業もこういう見えない力学から逃れているわけではない。「現場を知らない」のはいったい誰《だれ》なのだろうか。

◆出題者と小市民的な物語を共有しよう

大学受験国語（大学の場合は「受験」という言葉を使うようにしている）と高校国語の現代文は少し事情がちがってくる。高校国語の評論では、自己や社会について再考するきっかけになるような教材が多い。その結果、「近代批判」や「常識批判」をテーマとした教材が中心になる。

よく言われるように、常識を離れて「自分の頭で考える」ための思考方法を身につけてほしいからだ。僕はこれを「はじめに」で書いたように、「紙の上の不良」になることだと言っているのである。

大学受験国語もこの思想をほぼ共有しているから、現状肯定の評論が出題されることはほとんどない。評論問題を解くときには、こういう大前提を踏まえておかなければならない。

ところが大学一年生ぐらいだと、思考が「社会の常識」に寄り添っている学生がほとんどなのだ。たとえば、小説を読んでも「ふつうそう読むでしょ」というレベルがあまりにも多い。個性をどこかに置き忘れて来てしまった感じである。せっかく評論の勉強をしたのだから、そしてそれを受験国語でも学んだのだから、大学に入学しても忘れないでほしい。

やっかいなのが、小説問題である。書かれていない「心情」を問われることが多いからだ。ここで注意すべきなのは、大学受験の小説問題は受験生の個性を見極めたいのではないということだ。大学受験国語でも、見極めたいのは「社会の最大公約数的な感じ方を理解しているか」だけだ。

これを序章で、「書かれていない「心情」を多くの人がそう思うだろうように想像すること＝**小市民的感情力**」と言ったのである。「小市民」という言葉には「市民道徳を身につけた、いかにも善良な小物」というやや軽んじたニュアンスがある。そう、大学受験国語はそういう人物を求めているのだ。

小説問題に関しては、出題者の意図にそって答えるのは邪道で、作者の意図を考えるのが正道だと言う人がごくたまにいる。文学研究の訓練を受けていない素人の考えだ。短い問題文だけから作者の意図が読み込めるなんて、透視術でもあるまいに、できるはずがない。

もちろん作者の意図だという根拠を示せるわけがないから、学問的でもない。要するに自分が読んで感動したところを「作者の意図」だと言っているにすぎない。それは「根拠は示せないが、私を信じろ」と言っているのと同じで、傲慢《ごうまん》でさえある。

小説問題においては出題者の意図にそって答えること、すなわち「出題者と物語を共有すること＝**物語パターン化能力**」を用いるのがまっとうな方法である。

◆小市民になるための仕掛け

問題は、設問を通して作り上げられる「出題者の物語」が、小市民的な感性によってつくられるところにある。

そう、小説問題はいかにも一般大衆が喜びそうな通俗的な物語をつくりだし、知らず知らずのうちにそれが小説の唯一の「正しい」読み方＝「正解」だと思い込ませる仕掛けなのだ。僕が入試国語や受験国語は「紙の上の学校」であり、「道徳」だと強調する理由がここにある。

ただし、これには大前提がある。それは、「心情」はある出来事の結果であり、出来事に対応して生まれるものだという思想である。受験国語もこの思想に則って「心情」に言葉を与えるようにつくられている。この点については、犯罪が起きたときのことを考えてみればいい。

犯人が捕まって、裁判が始まったとしよう。裁判では、犯罪がどのような動機で行われたのかをしつこく追及する。「今後の犯罪の防止につながる」という建て前のもとにである。犯罪の動機は、ふつう現実社会とはまったく無関係な完全に内的なものではないと考えられるから、裁判ではその動機を探るのである。仮に動機が社会の影響を受けておらず、完全に内的なものだとしたら、それは「狂気」と呼ぶことになるだろう。

そこで、過去の生い立ちに遡《さかのぼ》ってまで、動機を探ろうとする。ここには、原因（現実の社会で起きた犯人に関わる出来事）と結果（動機）という因果関係がある。こうして、社会と動機とが手を組むことになる。人々は、現実社会に原因があり、その結果として彼または彼女に動機が生まれ、さらにその結果、犯罪に及んだのだと理解する。

話を単純化すれば、「殴られたから（原因）、頭に来て（動機＝結果）、殴り返した（現実世界で起きた結果）」という具合になる。この動機を「心情」に置き換えれば、それがすなわち受験国語の小説問題作成の思想である。ある出来事から起きた「心情」を問うことは、ある犯罪を起こした「動機」を問うことに似ている。

そこに、たとえば「親の愛を知らない不幸な育ちが犯罪の遠い原因となった」といった具合の、いかにも小市民が喜びそうな、あるいは小市民が受け入れやすいような通俗的な物語が成立する。小説問題の出題者の作る物語とはこういう物語なのだ。

このようにして、言葉にできなかった不気味な犯罪を、社会が自分たちの理解できる物語として受け入れる。こうして犯罪を社会が共有する。犯罪の社会化である。

僕たちの心もそうで、言葉にできない不気味なものをいつまでも内面に抱えていたのでは、自分も周囲の人も安心できない。そこで、そういう不気味な内面の感情を他人が理解できる言葉にして、自分も周囲の人も安心する。それが、国語という教科の根本原理なのである。

僕の息子が子どもの頃、泣きながら帰ってきたことがある。妻は「泣いていないで訳を言いなさい」と話しかけていたが、僕は「言葉にできないから泣いているんだよ」と説明したことがある。言葉にできたときには、もう問題の半ば以上は解決しているようなものだ。

カウンセリングという治療方法も、この原理を使っている。人には言葉にできないほどの悲しみや悩みを抱えるときがある。それは自分自身にとっても不気味な内面のあり方だ。

そこで、カウンセラーという名の他者にわかる言葉で話すことによって、言葉にできない何か、は「あのみんなが感じている悲しみ」や「あのみんなが悩んでいる困難」に変わる。こうして個人の悲しみや悩みが社会に共有できる形になる。内面の社会化である。

繰り返すと、これが国語という教科の根本原理であって、国語では内面をいかにも「道徳」的な言葉に置き換えることが求められる。そうして小市民がつくられるわけだ。

◆感情移入をコントロールする

ここで注意しておきたいのは、いわゆる感情移入型の読み方では、小説問題の点数は乱高下を繰り返しやすいことである。それは、感情移入の型が出題者の物語と合っていればいい点が取れるが、合っていなければいい点数は取れないからである。

もし感情移入という言葉を使うならば、感情移入の仕方を出題者の物語に合うように自在にコントロールできなければ点数は高いレベルで安定はしない。それは、原因と結果の結びつけ方をコントロールできるということである。

原因と結果の結びつけ方こそが物語なのだが、それは何通りもある。たとえば、子どもがお小遣いを使いきってしまったので（原因）、親から来月のお小遣いを前借りした（結果）としよう。この原因と結果の間にある小市民的な物語としては、親子の関係を「愛情」とか

「信頼」と呼ぶだろう。「親が愛情を持って子育てをする物語」とか「親が子どもを信頼する物語」として、この原因と結果を理解するということだ。

受験国語の小説問題では、まちがっても「ゆすり」とか「脅し」といった物語は読まない。「子どもが親をゆすってお金を得た物語」や「子どもが親の弱みにつけ込んで脅してお金を得た物語」などにはならない。

つまり、親子の関係をそのように否定的には読まない。国語教科書や小説問題に出て来る親子は、なぜか常に善良なのだ。前者の「愛情」や「信頼」といった物語を小説問題の出題者と共有することが、「正解」への近道である。これが小説問題の出題者は小市民だとするゆえんだ。

そのためにはいま示したように、問題文となった小説を「〜になる物語」や「〜する物語」という形に要約した一文(「要約文」と呼んでおこう)にまとめておくといい。これで、小説の大枠を受験国語用に把握しておくのだ。

したがって小説問題の選択肢は、小説中の出来事(原因)を要約した前半と、それと関わる登場人物の心情(結果)を言葉にした後半の組み合わせからできているのがふつうだ。「正解」を導くには、まず前半の要約にまちがいがないかどうかを点検すればいい。これが

「書いてあることを過不足なくまとめること＝**情報整理能力**」である。

多くの場合、これで選択肢を二つにまで絞り込めるはずだ。そのあと、「社会の最大公約数的な感じ方」を「心情」として言葉にしているものに絞り込めばいい。これもふつう二つの選択肢がピックアップできるだろう。

要約が正しくて、かつ「社会の最大公約数的な感じ方」が示されている選択肢は一つしかない。それが「正解」だ。すべての選択肢問題がこういう構成になっているわけではないが、これは選択肢問題の基本だ。

国公立大学の記述式設問の場合も、以上のような受験国語の小説問題作成の思想に従えばいい。それは、「解答」の前半七割ほどに小説中の出来事を原因としてまとめ、後半三割ほどにその結果生じた「心情」を書き込めばいいということだ。

◆受験国語から個性を守ろう

こういう受験国語でこれからの世界を生き抜いていくような人材を見抜けるかといえば、「否」と言うほかない。特にこうした問題作成の思想をよく理解して**いない**のに「勉強しなくても受験国語ができる」受験生は、それだけ社会への順応性が高い「良い子」だから、新しい個性にはなりにくいかもしれない。

受験国語は「社会の常識」が身についているかどうかを見極めるイニシエーションだと割り切って距離を置き、問題作成の思想をメタ・レベルから眺めるほどの知的な思考を持つ者が、これからの世界を生き抜いていく個性ではないだろうか。受験国語の意義の中心はここにしかない。したがって、受験勉強の意義の中心もここにしかない。

そしてもし、これからの日本には新しい個性が求められているのだとすれば、いま議論されている「道徳の教科化」は、「ゆとり教育」がもたらした以上の深刻で悲惨な結果をもたらすだろう。

「道徳」の内容がナショナリズムに染め上げられる可能性が高いことはひとまず置くとしよう。最大の問題は、「道徳」が人々の世界に対する態度を一つに決めてしまうことにある。そういう教育から新しい個性は生まれにくい。これが受験国語問題作成の思想が炙《あぶ》り出す結論だ。

最後に、小説問題を解くための能力を再確認しておこう。

①書いてあることを過不足なくまとめること＝**情報整理能力**
②書いてあることを別の言葉に言い換えること＝**翻訳能力**
③書かれていない「心情」を多くの人がそう思うだろうように想像すること＝**小市民的感情力**
④出題者と物語を共有すること＝**物語パターン化能力**

僕たちはまず自覚的に小市民になってみなければならない。あるいは、自分の中の小市民的な感性をはっきり自覚しなければならない。これが、センター試験の現代文に飼い慣らされてホントの小市民になってしまわないための方法だ。

◆信頼関係の中の家族――岡本かの子『快走』　難易度☆☆

これからセンター試験の小説問題を三題解いてみるが、この数年実施されたものの中から選んだ。はじめは、二〇一四年一月に実施されたセンター試験から。岡本かの子『快走』である。難易度は、星五つが最も難しいと判断した問題だ。

前年（二〇一三年）のセンター試験の現代文は小林秀雄と牧野信一の組み合わせで、受験生をパニックに陥れた。小林秀雄没後三〇年記念出題だったのだろうが、予備校関係者によると、問題文を見て泣きだした受験生が複数の会場で確認されているという。その結果、国語の平均点がかなり低くなった。その反省（?）から、二〇一四年の小説問題はやさしくつくられている。入門としてはちょうどいい。はじめの問題だから、すこし詳しく解説しよう。

第2問　次の文章は、岡本かの子の小説「快走」の全文である。これを読んで、後の問い**（問1～6）**に答えよ。なお、本文の上の数字は行数を示す。（配点　50）

中《なか》の間《ま》で道子は弟の準二の正月着物を縫い終《おわ》って、今度は兄の陸郎の分を縫いかけていた。

「それおやじのかい」

離れから廊下を歩いて来た陸郎は、通りすがりにちらと横目に見て訊《き》いた。

「兄さんのよ。これから兄さんも会社以外はなるべく和服で済ますのよ」

道子は顔も上げないで、忙《いそ》がしそうに縫い進みながら言った。

「国策(注1)の線に添ってというのだね」

「だから、着物の縫い直しや新調にこの頃《ごろ》は一日中大変よ」

「はははははは、一人で忙がしがってら、だがね、断って置くが、銀ぶら(注2)なぞに出かけるとき、俺《おれ》は和服なんか着ないよ」

そう言ってさっさと廊下を歩いて行く兄の後《うしろ》姿《すがた》を、道子は顔を上げてじっと見ていたが、A ほーっと吐息をついて縫い物を畳の上に置いた。すると急に屈託《くったく》(注3)して来て、大きな脊《せ》伸びをした。

肩が凝って、坐《すわ》り続けた両腿《りょうもも》がだるく張った感じだった。道子は立上《たちあが》って廊下を歩き出した。そのまま玄関で下駄《げた》を履くと、冬晴れの午後の戸外へ出てみた。

　陽《ひ》は既に西に遠退《とおの》いて、西の空を薄桃色に燃え立たせ、眼《め》の前のまばらに立つ住宅は影絵のように黝《くろ》ずんで見えていた。道子は光《ひか》りを求めて進むように、住宅街を突っ切って空の開けた多摩川(注4)脇《わき》の草原に出た。一面に燃えた雑草の中に立って、思い切り手を振った。

　冬の陽はみるみるうちに西に沈んで、桃色の西の端《はず》れに、藍色《あいいろ》の山脈の峰を浮き上《あが》らせた。秩父《ちちぶ》(注5)の連山だ！　道子はこういう夕景色をゆっくり眺めたのは今春女学校(注6)を卒業してから一度もなかったような気がした。あわただしい、始終追いつめられて、縮こまった生活ばかりして来たという感じが道子を不満にした。

　ほーっと大きな吐息をまたついて、彼女は堤防の方に向《むか》って歩き出した。冷たい風が吹き始めた。彼女は勢い足に力を入れて草を踏みにじって進んだ。道子が堤防の上に立ったときは、輝いていた西の空は白く濁って、西の川上から川霧と一緒に夕靄《ゆうもや》が追って来た。東の空には満月に近い月が青白い光りを(ア)刻々に増して来て、幅三尺(注7)の堤防の上を真白な坦道《たんどう》(注8)のように目立たせた。道子は急に総毛立ったので、身体をぶるぶる震わせながら堤防の上を歩き出した。途中、振り返っていると住宅街の窓々には小さく電灯がともって、人の影も定かではなかった。ましてその向《むこ》うの表通りはただ一列の明《あか》りの線となって、川下の橋に連なっている。

　誰《だれ》も見る人がない………よし………思い切り手足を動かしてやろう………道子は心の中で呟《つぶや》いた。膝《ひざ》を高く折り曲げて足踏みをしながら両腕を前後に大きく振った。それから下駄を脱いで駈《か》け出してみた。女学校在学中ランニングの選手だった当時の意気込みが全身に湧《わ》き上って来た。道子は着物の裾《すそ》を端折《はしょ》って堤防の上を駆けた。髪はほどけて肩に振りかかった。ともすれば堤防の上から足を踏み外しはしないかと思うほどまっしぐらに駆けた。もとの下駄を脱いだところへ駈け戻って来ると、さすがに身体全体に汗が流れ息が切れた。胸の中では心臓が激しく衝《う》ち続けた。その心臓の鼓動と一緒に全身の筋肉がぴくぴくとふるえた。——ほんとうに潑剌《はつらつ》と活《い》きている感じがする。女学校にいた頃はこれほど感じなかったのに。毎日窮屈な仕事に圧《おさ》えつけられて暮《くら》していると、こんな駈足《かけあし》ぐらいでもこうまで活きている感じが珍《めず》らしく感じられるものか。いっそ毎日やったら——

　道子は髪を束ねながら急ぎ足で家に帰って来た。彼女はこの計画を家の者に話さなかった。両親はきっと差止《さしと》めるように思われたし、兄弟は親し過ぎて揶揄《からか》うぐらいのものであろうから。いやそれよりも彼女は月明の中に疾駆する興奮した気持ちを自分独りで内密に味わいたかったから。

　翌日道子はアンダーシャツにパンツ(注9)を穿《は》き、その上に着物を着て隠し、汚れ足袋《たび》も新聞紙にくるんで家を出ようとした。

「どこへ行くんです、この忙がしいのに。それに夕飯時じゃありませんか」

　母親の声は鋭かった。道子は(イ)腰を折られて引《ひき》返《かえ》した。夕食を兄弟と一緒に済ました後でも、道子は昨晩の駈足の快感が忘れられなかった。外出する口実はないかと頻《しき》りに考えていた。

「ちょっと銭湯に行って来ます」

　道子の思いつきは至極当然のことのように家の者に聞き流された。道子は急いで石鹼《せっけん》と手《て》拭《ぬぐい》(注10)と湯銭を持って表へ出た。彼女は着物の裾を蹴《け》って一散に堤防へ駈けて行った。冷たい風が耳に痛かった。堤防の上で、さっと着物を脱ぐと手拭でうしろ鉢巻《はちまき》をした。凛々《りり》しい女流選手の姿だった。足袋を履くのももどかしげに足踏みの稽古《けいこ》から駈足のスタートにかかった。爪先《つまさき》立《だ》って身をかがめると、冷たいコンクリートの上に手を触れた。(注11)オン・ユアー・マーク、ゲットセッ、道子は弾条仕掛《ばねじかけ》のように飛び出した。昨日の如《ごと》く青白い月光に照らし出された堤防の上を、遥《はる》かに下を多摩川が銀色に光って淙々《そうそう》と(注12)音を立てて流れている。

　次第に脚の疲れを覚えて速力を緩めたとき、道子は月の光りのためか一種悲壮な気分に衝たれた――自分はいま溌剌と生きてはいるが、違った世界に生きているという感じがした。人類とは離れた、淋《さび》しいがしかも厳粛な世界に生きているという感じだった。

　道子は着物を着て小走りに表通りのお湯屋へ来た。湯につかって汗を流すとき、初めてまたもとの人間界に立ち戻った気がした。道子は自分独特の生き方を発見した興奮にBわくわくして肌を強くこすった。

　家に帰って茶の間に行くと、母親が不審そうな顔をして

「お湯から何処《どこ》へまわったの」と訊いた。道子は

「お湯にゆっくり入ってたの。肩の凝りをほご(注13)すために」

　傍《そば》で新聞を読んでいた兄の陸郎はこれを聞いて「おばあさんのようなことをいう」と言って笑った。道子は黙って中の間へ去った。

　道子はその翌晩から出来るだけ素早くランニングを済まし、お湯屋に駆けつけて汗もざっと流しただけで帰ることにした。だが母親は娘の長湯を気にしていた。ある晩、道子がお湯に出

かけた直後

「陸郎さん、お前、直《す》ぐ道子の後をつけてみて呉《く》れない。それから出来たら待ってて帰るところもね」

と母親は頼んだ。陸郎は妹の後をつけるということが親し過ぎるだけに妙に照れくさかった。

「こんな寒い晩にかい」彼は別な言葉で言い現しながら、母親のせき立てるのもかまわず、ゆっくりマントを着て帽子をかぶって出て行った。陸郎はなかなか帰って来なかった。母親はじりじりして待っていた。そのうちに道子が帰って来てしまった。

「また例の通り長湯ですね。そんなに叮嚀《ていねい》に洗うなら一日置きだってもいいでしょう」

「でもお湯に行くと足がほてって、よく眠れますもの」

兎《と》も角《かく》、眠れることは事実だったので、道子は真剣になって言えた。母親は

「明日は日曜でお父様も家においでですから、昼間私と一緒に行きなさい」

と言った。道子は何て親というものはうるさいものだろうと弱って

「なぜそう私の長湯が気になるの。眠る前に行く方がいいけれど、それじゃ明日は昼間行きましょう」

道子は一日ぐらいは我慢しようと諦《あきら》めた。それが丁度翌日は雨降りになった。道子は降り続く雨を眺めて――この天気、天祐《てんゆう》（注14）っていうもんかしら………少《すくな》くとも私の悲観を慰めて呉れたんだから………そう思うと何だか可笑《おか》しくなって独りくすくす笑った。

お昼過ぎに母親と傘をさして済《すま》した顔でお湯に行った。

「そんなに長くお湯につかってるんじゃありませんよ」

母親が呆《あき》れて叱《しか》ったけれど、道子は自分の長

湯を信用させるために顔を真赤《まっか》にしてまで堪《こら》えて、長くお湯につかっていた。

　やがて洗《なが》し場《ば》に出て洗い桶《おけ》を持って来るときは、お湯に逆上《のぼ》せてふらふらしたが、額を冷水で冷《ひや》したり、もじもじしているうちに癒《なお》った。

「いい加減に出ませんか」

　母親は道子のそばへ寄って来て小声で急《せ》き立てるので、やっと身体を拭《ふ》いて着物を着たが、家へ帰るとまた可笑しくなって奥座敷へ行って独りくすくす笑った。

「道子はこの頃変ですよ。毎晩お湯に行きたがって、行ったが最後一時間半もかかるんですからね。あんまり変ですから今日は私昼間連れて行ってみました」

　母親は茶の間で日記を書き込んでいた道子の父親に相談しかけた。

「そしたら」

　父親も不審そうな顔を上げて訊いた。

「随分長くいたつもりでしたが四十分しかかかりませんもの」

「そりゃお湯のほかに何処かへ廻《まわ》るんじゃないかい」

「ですからゆうべは陸郎に後をつけさせたんですよ。そしたらお湯に入ったというんですがねえ、その陸郎が当てになりませんのよ。様子を見に行ったついでに、友達の家へ寄って十二時近くまで遊んで来るのですから」

「ふーん」

　父親はじっと考え込んでしまった。

　雨のために響きの悪い玄関のベルがちりと鳴って止《や》むと、受信箱の中に手紙が落《おと》された音がした。母親は早速立って行って手紙を持って来たが

「道子宛《あ》ての手紙だけですよ。お友達からですがねえ、この頃の道子の様子では手紙まで気になります。これを一つ中を調べて見ましょう

か」

「そうだね、上手に開けられたらね」

父親も賛成の顔付きだった。母親は長火鉢(注15)にかかった鉄瓶(注16)の湯気の上に封じ目をかざした。

「すっかり濡《ぬ》れてしまいましたけれど、どうやら開きました」

母親は四つに折った書簡箋《しょかんせん》(注17)をそっと抜き出して拡《ひろ》げた。

「声を出して読みなさい」

父親は表情を緊張させた。

勇ましいおたより、学生時代に帰った思いがしました。毎晩パンツ姿も凜々しく月光を浴びて多摩川の堤防の上を疾駆するあなたを考えただけでも胸が躍ります。一度出かけて見たいと思います。それに引きかえこの頃の私はどうでしょう。風邪ばかり引いて、とてもそんな元気が出ません……

「へえ、そりゃほんとうかい」

父親はいつもの慎重な態度も忘れて、頓狂《とんきょう》な声を出してしまった。

「まあ、あの娘《こ》が、何ていう乱暴なことをしてるんでしょう。呼び寄せて叱ってやりましょうか」

母親は手紙を持ったまま少し厳しい目付きで立上りかけた。

「まあ待ちなさい。あれとしてはこの寒い冬の晩に、人の目のないところでランニングをするなんて、よくよく屈托したからなんだろう。俺だって毎日遅くまで会社の年末整理に忙殺されてると、何か突飛なことがしたくなるからね。それより俺は、娘の友達が言ってるように、自分の娘が月光の中で走るところを見たくなったよ…………俺の分身がね、そんなところで走ってるのをね」

「まあ、あんたまで変に好奇心を持ってしまって。でも万一のことでもあったらどうします」

「そこだよ、場合によったら弟の準二を連れて行かせたら」

「そりゃ準二が可哀《かわい》そうですわ」

「兎も角、明日月夜だったら道子の様子を見に行く」

「呆れた方ね、そいじゃ私も一緒に行きますわ」

「お前もか」

C 二人は真剣な顔をつき合《あわ》せて言い合っていたが、急に可笑しくなって、はははははははと笑い出してしまった。二人は明日の月夜が待たれた。

　道子には友達からの手紙は手渡されなかったし、両親の相談なぞ知るよしもなかった。ただいつも晩飯前に帰らない父親が今日は早目に帰って来て自分等《ら》の食卓に加わったのが気になった。今晩お湯に行きたいなぞといえば母親が一緒に行くと言うかも知れぬ。弱った。今日は午前中に雨が上って、月もやがて出るであろう。この好夜、一晩休んで肉体が待ち兼ねたようにうずいているのに。段々遅くなって来ると道子はいらいらして来て遂々《とうとう》母親に言った。

「お湯へやって下さい。頭が痛いんですから」

　母親は別に気にも止めない振りで答えた。

「いいとも、ゆっくり行ってらっしゃい」

　道子は(ウ)われ知らず顔をほころばした。こんなことってあるかしらん――道子は夢のような気がした。夢なら醒《さ》めないうちにと手早く身支度をし終って表へ出た。寒風の中を一散に堤防目がけて走った。――今夜は二日分、往復四回駆けてやる――

　道子は堤防の上に駆け上って着物を脱いだ。青白い月の光が彼女の白いアンダー・シャツを銀色に光らせ、腰から下は黒のパンツに切れて宙に浮《うか》んだ空想の胸像の如く見えた。彼女は先《ま》ず腕を自由に振り動かし、足を踏んで体ならしを済ました。それからスタートの準備もせずに、いきなり弾丸のように川上へ向って疾走した。やがて遥かの向うでターンしてまた元のところへ駆け戻って来た。そこで狭い堤防上でまたくるりとターンすると再び川上へ向って駆けて行った。

　このとき後から追っかけて来た父親は草原の中に立って遥かに堤防の上を白い塊が飛ぶのを望んだ。

「あれだ、あれだ」

　父親は指さしながら後を振り返って、ずっと後れて駈けて来る妻をもどかしがった。妻は、はあはあ言いながら

「あなたったら、まるで青年のように走るんですもの、追いつけやしませんわ」

　妻のこの言葉に夫は得意になり

「それにしてもお前の遅いことったら」

　妻は息をついで

「これでも一生懸命だもんで、家からここまで一度も休まずに駈けて来たんですからね」

「俺達は案外まだ若いんだね」

「おほほほほほほほほ」

「あはははははははは」

　二人は月光の下を寒風を切って走ったことが近来にない喜びだった。D二人は娘のことも忘れて、声を立てて笑い合った。

（注）

1　国策――国家の政策。この小説が発表された昭和一三（一九三八）年前後の日本では、国家総動員法が制定されるなど国民生活に様々な統制が加えられた。

2　銀ぶら――東京の繁華街銀座通りをぶらぶら散歩すること。

3　屈托――「屈託」に同じ。

4　多摩川――山梨県に発し、南東へ流れて東京

湾に注ぐ川。

5　秩父の連山――東京、埼玉、群馬、山梨、長野の都県境にまたがる山地。秩父は埼玉県西部の地名。

6　女学校――旧制の高等女学校の略。

7　幅三尺――一尺は約三〇・三センチメートル。

8　坦道――平坦な道。

9　パンツ――運動用のズボン。

10　湯銭――入浴代のお金。

11　オン・ユアー・マーク、ゲットセッ――競走のスタートの際のかけ声。

12　淙々――よどみなく水の流れるさま。

13　ほごす――「ほぐす」に同じ。

14　天祐――天のたすけ。

15　長火鉢――長方形の箱火鉢。火鉢は、手先を暖めたり湯を沸かしたりするために炭火を入れる調度。

16　鉄瓶――湯を沸かす鉄製の容器。

17　書簡箋――手紙を書く用紙。便箋。

問1　傍線部(ア)～(ウ)の本文中における意味として最も適当なものを、次の各群の①～⑤のうちから、それぞれ一つずつ選べ。

(ア)刻々に
① 突然に
② あっという間に
③ 順番通りに
④ ときどきに
⑤ 次第次第に

(イ)腰を折られて
① 下手《したて》に出られて
② 思わぬことに驚いて
③ やる気を失って
④ 途中で妨げられて
⑤ 屈辱を感じて

(ウ)われ知らず

① 自分では意識しないで
② あれこれと迷うことなく
③ 人には気づかれないように
④ 本当の思いとは逆に
⑤ 他人の視線を意識して

問2 傍線部A「ほーっと吐息をついて縫い物を畳の上に置いた」とあるが、このときの道子の心情はどのようなものか。その説明として最も適当なものを、次の①〜⑤のうちから一つ選べ。

① 家族のための仕事をひたすらこなすよう強いられているにもかかわらず、兄にその辛い状況を理解してもらえず、孤独を感じている。
② 家族のための仕事を精一杯こなしていたつもりが、その仕事の使命感に酔っていると兄に指摘され、恥ずかしさにいたたまれなくなっている。
③ 家族のための仕事に精一杯取り組んできたのに、その苦心が兄には真剣に受け止められていないことに気づき、張りつめた気持ちが緩んでいる。
④ 家族のための仕事は正しいものであると信じてきたので、その重要性を理解しようとしない兄に対して、憤りを抑えがたくなっている。
⑤ 家族のための仕事が自分には楽しいものとは思えないうえ、兄に冷やかされながらその仕事を続けなければならないので、投げやりな気分になっている。

問3 傍線部B「わくわくして肌を強くこすった」とあるが、この様子からうかがえる道子の内面の動きはどのようなものか。その説明として最も適当なものを、次の①〜⑤のうちから一つ選べ。

① 月光に照らされて厳かな雰囲気の中を

「走る」うちに、身が引き締まるような思いを抱くとともに自分の行為の正しさを再認識し、その自信を得たことで胸の高鳴りを抑えきれずにいる。

② 月光に照らされた堤防を人目につかないように「走る」うちに、非常時では世間から非難されるかもしれないことに密《ひそ》かな喜びを感じ始め、その興奮を自分一人のものとしてかみしめようとしている。

③ 月光に照らされて「走る」という行為によって、まるで女学校時代に戻ったような気持ちになり、窮屈に感じていた生活が変わるかもしれないという明るい予感を繰り返し味わっている。

④ 月光の下を一人で「走る」という行為によって、社会や家族の一員としての役割意識から逃れた別の世界を見つけられたことに胸を躍らせ、その発見をあらためて実感しようとしている。

⑤ 月光の下を一人で「走る」という行為によって、他者とかかわりを持てないことの寂しさを強く実感しつつも、社会や家庭の中で役割を持つ自分の存在を感覚的に確かめようとしている。

問4 本文192行目までで、陸郎と道子とはお互いをどのように意識し合う関係として描かれているか。その説明として最も適当なものを、次の①～⑤のうちから一つ選べ。

① 陸郎は誠実な道子の性格をいとおしく感じており、その妹の後をつけてほしいという母親に反発を覚えている。一方、道子は自分の発見した喜びを兄に伝えても、照れ隠しから冗談めかして受け流されるだろうと予感している。二人は表には出さないが心の底では信頼し合っている。

② 陸郎は道子を妹として大切に思ってはい

るが照れ隠しから突き放すような接し方になり、妹の面倒を見てほしいと母親に頼まれても素直に従えない。一方、道子も奔放な陸郎への憧れを率直に表現できず、共感してもらえそうな話題も伝えないでいる。二人は年ごろの兄妹らしい恥じらいと戸惑いを感じている。

③ 陸郎はきまじめな道子を気安く冷やかしたりもするが、その妹の後をつけてほしいという母親の指図には素直に応じる気にはならない。一方、道子も走ることで感じる喜びを親し過ぎる兄に伝えてからかわれるより、その興奮を自分だけで味わおうとしている。二人は近しさゆえにかえって一定の距離を保っている。

④ 陸郎は内心では道子が融通の利かない性格だと思っているので、母親の言うように妹の後をつけたところで何の意味もないと感じている。一方、道子は陸郎の奔放な性格をうらやましく感じるが、自分の発見した喜びを伝えて興奮を共有したいとは思えないでいる。二人はそれぞれの性格を熟知しているためにかえってぎこちなくなっている。

⑤ 陸郎は道子の大人びた振る舞いを兄として信頼しており、心の中では妹の面倒を見てほしいという母親の頼みは的外れだと感じている。一方、道子はこだわりのない兄の態度に親しみを感じており、あえて自分の発見を伝えなくても兄には理解してもらえると思っている。二人は言葉にしなくても共感し合える強い絆《きずな》で結ばれている。

問5 傍線部C「二人は真剣な顔をつき合せて言い合っていたが、急に可笑しくなって、ははははははと笑い出してしまった。」と、傍線部D「二人は娘のことも忘れて、声を立てて笑い合った。」の、それぞれの笑いの説明として最も適当なものを、次の①~⑤のうちから一つ選べ。

①　傍線部Cでは、隠し事をする娘の様子を心配し監視しようとしていたはずの二人が、娘の走る姿を見に出かけるという行為に魅力を感じ始めたことにおかしさを抑えきれないでいる。傍線部Dでは、娘を保護すべき親としての立場を離れ、夜道を全力で走ったことによる充実感を彼ら自身の喜びとして感じ笑い合っている。

②　傍線部Cでは、娘が自分たちにうそをついていることを二人で心配していたが、たかだかランニング程度にあまりに深刻になっていたと気がつきおかしさをこらえられないでいる。傍線部Dでは、日頃から世間の批判ばかり気にして、無理に縮こまった生活を送っていた自分たちの勇気のなさを互いに笑い飛ばそうとしている。

③　傍線部Cでは、娘への不信感から手紙を盗み見るという行為にまで及んだ二人が、余計な取り越し苦労をしたことに気がつき苦笑し合っている。傍線部Dでは、夜の堤防の上を疾走する娘を心配のあまり追うことさえしたが、そこまで娘を心配した互いの必死さにあきれてそれを笑い飛ばそうとしている。

④　傍線部Cでは、いつまでも娘や息子を子ども扱いしている自分たちに気がつき、保護者としての互いの思い入れの強さに苦笑し合っている。傍線部Dでは、自分たち自身が道子と同じように夜道を全力で走ったことではじめて娘の気持ちが理解できたことを喜び、それを互いに確かめ合うように笑い合っている。

⑤　傍線部Cでは、本音では娘の行動に興味

をそそられながら、それを隠そうとして娘を諭す親としての建て前を互いに言い募っていたことにおかしさを抑えられないでいる。傍線部Dでは、家で仕事に追われている様子とは違って生き生きした娘の姿から、暗い世相の中に明るい未来を予感し笑い合っている。

問6　この文章は、第一場面（1行〜107行）、第二場面（109行〜122行）、第三場面（124行〜246行）、第四場面（248行〜297行）の四つに分けられる。四つの場面の表現に関する説明として適当なものを、次の①〜⑥のうちから二つ選べ。ただし、解答の順序は問わない。

①　第一場面では、母親の心情が83行目の「母親の声は鋭かった。」のように外部の視点から説明されているが、道子の心情は51行目の「よし……………思い切り手足を動かしてやろう」のように、心内のつぶやきのみで説明されている。

②　第二場面では、母親の問いかけに対し、道子が倒置法の返答をしている。この不自然な返答とその直後の兄の誇張した言い回しが母親の不審を呼び、第三場面以降の話が急展開する。

③　第三場面後半の父親と母親の会話には「まあ」という言葉が三回出てくる。この三つの「まあ」はその直後の読点の有無に違いがあり、読点のあるものは驚きの気持ちを表し、読点のないものはあきれた気持ちを表している。

④　第一場面終わりと第四場面半ばの道子が堤防を走るシーンは、勢いよく走り出す様子を描くのに直喩《ちょくゆ》を用いたり、情景を描くのに色彩表現を用いたりして、イメージ豊かに表現されている。

⑤　5行目までの兄との会話に見られるよう

に、道子の台詞《せりふ》は、四つの場面を通じて、家族からの問いへの応答から始まっている。これは家族とかかわり合いを持つことについて、道子が消極的であることを表している。

⑥　第一場面から道子に焦点を当てて描かれていた話が、第三場面途中から夫婦に焦点を当てて描かれ始める。このことは、第四場面終わりで、両親を示す表現が「父親」「母親」から「夫」「妻」へ変化することではっきり示されている。

センター試験の現代文では、こういう古風な小説からの出題がしばらく続くのだろうか。

問題文を読んで、設問をざっと斜め読みして（まだ選択肢までは読まなくていいと思う）、まず**物語パターン化能力**を使って、要約文をつくっておこう。

妹の道子は、戦時中の息苦しい毎日を過ごしているが、兄の陸郎がそれをうまくやりすごしているのを見て、自分もそうできないかと思い、毎晩、銭湯に行くたびに近くの堤防を走るようになる。道子の帰りが遅いのを心配した両親はそのことを知って、様子を見に行くことにした。堤防を駆け上がった両親はお互い笑いあった。

こんな風にまとめられるストーリーだろうか。これを一文に要約しておくと、「息が詰まるような毎日に、ランニングに充実感を見出した道子が、両親をも解放する物語」ではどうだろうか。「ランニングによって、道子が息苦しい日常から両親をも解放する物語」くらいでもいいかもしれない。「両親をも」と入れたのは、まずは道子が解放される物語だからである。

もちろん、小市民的な解釈が入っている。つまり、善良な市民の日々の営みとして物語化されている。そうした要素が入っていなければ、要約文は小説問題を解くためには使えないのだから。こういう性質を持った要約文をつくる練習をしておいてほしい。

いまつくった要約文を、出題者の物語として設問を解いていこう。

問1 ㈠は⑤、㈡は④、㈢は①。例年の問1は、単なる辞書的な言葉の意味を問うのではなく、もっと「本文における意味」に即した問いになっているが、この年は辞書的な言葉の意味を知っていればすべて答えられる。例年より難易度が低いわけだ。

問2 ほら、「心情」を問う設問が来た。

ここでは、まず「**小市民的感情力**」を使おう。それには、選択肢の末尾だけ見ればいいのである。①「孤独を感じている」、②「恥ずかしさにいたたまれなくなっている」、③「張りつめた気持ちが緩んでいる」、④「憤りを抑えがたくなっている」、⑤「投げやりな気分になっている」である。

この「ほーっと吐息をついて」は37行目の「ほーっと大きな吐息をまたついて」と響き合っている。37行目は道子がランニングの選手だった女学生時代を思いだして、また走ろうと決める場面だ。だから、傍線部Aが否定的な「心情」であるはずがない。したがって、「正解」は唯一肯定的な末尾を持つ、あるいは否定的なニュアンスがない末尾を持つ選択肢③に決まるのだ。これで、もうこれ以外の選択肢を読む必要はなくなった。

つまり、この設問では「**情報整理能力**」さえ使う必要がないのである。**小市民的感情力**の威力がわかっただろうか。センター試験の小説問題がいかに小市民的感性によってつくられているかが手に取るようにわかる設問だった。

ついでに言っておけば、**同じようなニュアンスの選択肢が複数あれば、それらはすべてまちがいであることがほとんどである。**言うまでもなく「正解」は一つだから、同じような選択肢が複数あれば、どれも「正解」として選ぶことはできない。問2の選択肢の末尾は、③以外はすべて否定的なニュアンスだからすべてまちがいなのである。

もし時間的なゆとりがあれば、安心のために**情報整理能力**と**翻訳能力**を使って、消去法で確認しておこう。

選択肢①は「強いられている」がまちがい。そのようには書かれていない。選択肢②は「その仕事の使命感に酔っていると兄に指摘され」がまったくのまちがい。そのようなことは書かれていない。選択肢④は「正しい〜」がまちがい。道子の裁縫は、「正しいか正しくないか」という基準では語られていない。選択肢⑤は「楽しいものとは思えない」がまちがい。「楽しいか楽しくないか」という基準でも語られていない。

問題文からは、生活が統制されている戦時下においては（注の1を参照）、道子は裁縫をごくふつうに「やるべきもの」と考えているように読める。

この設問においては、消去法は手間がかかる上に、かえって微妙なニュアンスを読み違える可能性が出てくるので、むしろ**小市民的感情力**だけで選択肢末尾を判断して解き終えた方が安全かもしれない。時間の節約にもなる。その意味で、工夫に欠ける選択肢だった。

問3　設問は「内面の動き」を問うているが、要するに「心情」である。

この設問の選択肢の末尾はすべて肯定的な表現となっているので、問3には**小市民的感情力**は使えない。この設問には**情報整理能力**によって消去法を使うことにしよう。時間的なゆとりがあまりないセンター試験の現代文では、こういう判断を瞬時に行うことも大事だ。

選択肢①は「自分の行為の正しさ」がまちがい。繰り返すが、道子の行動は「正しいか正しくないか」という基準では計れない。それなのに「正しい」が異なった設問の選択肢に何回か出てくるのは（問2の選択肢④にもあった）、出題者が受験者に、道子の行動を戦時下においては「正しいか正しくないか」という基準で計らせて、まちがいに誘導する一本の道筋が見えてくる。この出題者は、尻尾を出した狸《たぬき》のようだ。化けるのがあまり上手ではない。**同じような言葉が異なった設問の選択肢に何度も出てきたら、それらはまちがいであることがほとんどである。**なぜなら、「正解」になるようなキーワードをあまり多く使って、物語全体の枠組を受験生に覚《さと》られては困るので、出題者はそういうことはできるだけ避けるからだ。

選択肢②は「非常時では世間から非難されるかもしれない」がまちがい。問題文の全体から、道子のランニングに非難をするようなニュアンスは一切ない。選択肢③は「窮屈に感じていた生活が変わる」が微妙にずれている。「生活が変わる」とまでは言えないだろう。しかしこれはよくできたダミーで、これに引っかかった人はいるかもしれない。選択肢⑤は「他者とかかわりを持てないことの寂しさ」がまちがい。夜の堤防を一人でランニングする道子にこのような「寂しさ」はない。したがって、「社会や家庭の中で役割を持つ自分の存在を感覚的に確かめようとしている」の部分もまちがい。道子は、むしろ「社会や家庭の中で役割」から離れた自分を実感したくてランニングを始めている。

残るは選択肢④である。道子が「自分らしい自分、自分だけの自分」を確認するためにランニングを始めたことが、過不足なく記述されている。

選択肢④も、後半において本文には書かれていない事実について、「書いてあることを別の言葉に言い換えること＝**翻訳能力**」が入っている。その「翻訳」においてはいかにも小市民的解釈が行われている。だからこそ「正解」になるのである。本文を言い換えること、つまり「翻訳」の仕方＝水準が小市民的であることが「正解」の何よりの徴《しるし》なのだ。

改めて確認しておこう。

事実をそのまままとめたのでは、わかりやすくて選択肢にはならない。そこで、事実を「翻訳」（変形）してまとめるのだが、その「翻訳」の水準が受験国語では小市民的感性に調律されているのである。そう、国語教育は善良な小市民を求めているからだ。これが受験国語の思想だと言っていい。

問4　この設問は**情報整理能力**と**翻訳能力**と**小市民的感情力**のすべてが求められるが、難易度は高くはない。

まず例によって、**小市民的感情力**を使って選択肢を絞り込んでおこう。選択肢の末尾を見ると、選択肢②と④がやや否定的なニュアンスを含んでいることがわかる。したがって、この二つの選択肢は外して考えていい。

次は、**情報整理能力**と**翻訳能力**を使って、消去法でいくしかない。

選択肢①は「母親に反発を覚えている」がまちがい。そのようなことは書かれていない。また、家族に関する小説問題では**小市民的感情力**によってそういう否定的な「心情」は読まないことになっている。選択肢⑤は末尾の「二人は言葉にしなくても共感し合える強い絆で結ばれている」がまちがい。そのようなことは書かれていない。と言うよりも、これは過剰解釈だろう。道子と陸郎の関係はそこまで書き込まれていない。

残る選択肢は③である。これもまさに書き込まれた事実に小市民的解釈を加えてまとめている。道子は「自分らしい自分、自分だけの自分」を確認するためにランニングを始めたのだった。それゆえに、「正解」なのである。これは、自己確認の物語である。ここまで設問を解いてくると、出題者は道子の「自己解放の物語」と「自己確認の物語」を読もうとしていることがわかってくる。その思想性についてはもう繰り返さない。

問5　この設問は、はじめにつくった要約文「息が詰まるような毎日に、ランニングに充実感を見出した道子が、両親をも解放する物語」を参照すれば一発で選択肢①が「正解」だとわかる。この小説は道子の物語とその両親の物語とからつくられている。両親の物語は「娘への疑いが発端になって、お互いを確認し合う夫婦の物語」である。そして、いずれも小市民的な幸せによって彩られている。それが過不足なく書かれているのが、選択肢①である。

念のために**小市民的感情力**によって選択肢を吟味しておこう。例によって、まず吟味するのは選択肢の末尾だけでいい。②は「自分たちの勇気のなさを互いに笑い飛ばそうとしている」の傍線部が否定的なのでまちがい。③は「互いの必死さにあきれてそれを笑い飛ばそうとしている」の傍線部が否定的なのでまちがい。これで二つの選択肢が「正解」から除外できた。

④と⑤は**小市民的感情力**に見合っているので、それなりによくできたダミーである。そこで、**情報整理能力**によって消去法を使おう。ただし、答えはすぐ出る。④も⑤も後半が娘を理解したように書かれていて、設問のために引かれた傍線部Dの「娘のことも忘れて」と食

いちがっているので、まちがい。

この設問は要約文を参照すれば一発で「正解」がわかるのだから、それ以上無駄な時間を使わない方がいい。

問6 小説問題の表現に関する設問で、いかにも「小説問題で小説を文学として読みました」みたいなアリバイ工作のような設問だ。**情報整理能力**を用いて消去法で、いちいちまちがい探しをしなければならない。

①は「道子の心情は〜心内のつぶやきのみで説明されている」とあるが、**選択肢で「のみ」とか「まったく」といった全面肯定や全面否定が出てきたらまずまちがい**なのだから、問題文と照らし合わせる必要もないが、これは視点に関する選択肢である。本文に「道子は」と道子を三人称とした記述がある以上、すぐまちがいだとわかる。

②は「倒置法の返答」が意味不明だが（こういう言葉の連なりは見た記憶がない）、道子は母の「何処へまわったの」という問いに「お湯にゆっくり入ってたの。」とポイントをそらした答えをしているだけである。だからまちがいだが、「倒置法の返答」ってなんだろう。何のことかまったく理解できない。出題者の日本語のレベルは大丈夫だろうか。

③は「読点のないもの」は225行目の「まあ待ちなさい」だが、これは「まあ、まあ、そう怒らないで」のように使われる「まあ」で、相手をなだめるニュアンスがあるだけだから、「あきれた」がまちがい。

⑤は「道子の台詞は、四つの場面を通じて、家族からの問いへの応答から始まっている」が事実とちがうことはすぐにわかる。①と同様に、中堅どころの中学入試国語レベルの選択肢。大学受験生をバカにしないでほしい。それに、①と⑤の選択肢にどんな文学的な意味があるのだろうか。事実の確認だけではないか。

そんなわけで、「正解」は④と⑥だ。特に⑥は小説のテーマと表現の変化を結びつけて文学としての意味を問うたなかなかみごとな選択肢である。この出題者は文学がわかる人なのだろうか、わからない人なのだろうか。不思議な人物だ。

◆成長する少年——中沢けい『楽隊のうさぎ』　難易度☆

二〇一〇年一月に実施されたセンター試験の小説問題である。

これこそ、いかにも中学入試国語に出題されそうな難易度の小説だ。しかも、中学入試国語が好む成長物語。選択肢を工夫しなければ満点がたくさん出ると、出題者は考えただろう。

それでどの選択肢もやけに長く、選択肢を読むことだけでかなりの時間が取られる。センター試験の現代文に多いパターンだが、これがまっとうな作問方法だとはとうてい思えない。

第2問　次の文章は、中沢《なかざわ》けいの小説『楽隊のうさぎ』の一節である。学校嫌いで引っ込み思案だった克久《かつひさ》は、花の木中学校に入学後、勧誘されて吹奏楽部に入り、夏の地区大会さらには県大会をめざして練習づけの毎日を送っていた。以下はそれに続く部分である。これを読んで、後の問い（**問1〜6**）に答えよ。（配点　50）

譜面をパートごとに練習して、セクションごとに音として仕上げていくのは、山から石を切り出す作業だが、そのごろごろした石がようやくしっかりとした石組みになろうとしていた。森勉（注1）が細やかに出す指示は、石と石の接続面をぴったりと合わしていく仕事だった。

この日、何度目かで「くじゃく」（注2）をさらっていた時、克久はばらばらだった音が、一つの音楽にまとまる瞬間を味わった。スラブ風の曲だが、枯れ草の匂《にお》いがしたのである。斜めに射《さ》す入り陽《ひ》の光が見えた。それは見たことがないほど広大な広がりを持っていた。(ア)いわく言い難い哀《かな》しみが、絡《から》み合う音の底から湧《わ》き上がっていた。悔しいとか憎らしいとか、そういういらいらするような感情は一つもなくて、大きな哀しみの中に自分がいるように感じた。つまり、A音が音楽になろうとしていた。地区大会前日だった。

オーボエの鈴木女史（注3）の苦情から有木部長（注4）が解

放されたのは、地区大会の翌日からだ。一年生にもようやく自分たちが求められているものがどの水準にあるのかが解《わか》ったのだ。ベンちゃんが初期の頃《ころ》は苦労していた部員の統制は、今では指揮者を煩わせることなく鈴木女史のようなメンバーで守られているのだから有木部長もそうそう閉口という顔もできなかったが、とにもかくにも苦情を聞かずにすむのは喜ばしい。

「音になってない」という森勉の決まり文句をはじめとして、「やる気があるのか」とか「真《ま》面目《じめ》にやれ」とか言われる理由がのみ込めたのだ。B怒られるたびに内心で「ちゃんとやってるじゃないか」とむくれていた気持ちがすっかり消えた。

スゴイ学校は他《ほか》にいくらでもあった。

今年こそは地区から県大会を突破しようという気迫で迫ってくる学校があった。

その中でも、課題曲に「交響的譚詩《たんし》」(注5)を選んだある中学校の演奏は、克久(注6)の胸のうさぎが躍り上がるような音を持っていた。

花の木中学とは音の質が違った。花の木中学はうねる音だ。大海原のうねりのような音を作り出していた。ところが、その学校の音はもっと硬質だった。

「スゲェナ」

有木がつぶやいた隣で克久は掌《て》を握り締めた。

(イ)「和声理論の権化だ」

密《ひそ》かに音楽理論の勉強を始めていた宗田がそう言い放つのも無理はない。

最初のクラリネットの研ぎ澄ました音は、一本の地平線を見事に引いた。地平線のかなたから進軍してくる騎馬隊がある。木管は風になびく軍旗だ。金管は四肢に充実した筋肉を持つ馬の群れであった。打楽器が全軍を統括し、西へ東へ展開する騎兵をまとめあげていた。

わずか六分間のこととはとても思えない。

遠く遠くへ連れ去られた感じだ。

克久の目には騎兵たちが大平原に展開する場面がはっきり見えた。宗田の脳髄には宇宙工学で必要とされるような精密機器の設計図が手際良く作製される様子が浮かんでいた。宗田は決して口に出しては言わなかったが、最近、人が人間的なと呼ぶような感情に嫌悪を感じ始めていた。

うんと唸《うな》った川島が、

「負けた」

といった一言ほど全員の感情を代弁している言葉は他になかった。

「完成されているけど、音の厚みには欠けるよ」

「負けた」と言う全員の感情、とりわけ一年生たちの驚きを代弁した川島の一言だけでは、出番を控えていた花の木中学吹奏楽部は気持ちの立て直しはできなかったかもしれない。川島の唸り声は全員の気持ちは代弁していたが、気持ちを向ける方向の指示は持っていなかった。

「完成されているけど、音の厚みには欠けるな」

こんなことを言うOBがいなかったら、自分たちの出番前だということも忘れただろう。

「やっぱり、中学生はね。技術が良くても音の量感には乏しいよ」

「うちはまあ、中学生にしては音の厚みはあるしさ」

現役の生徒の後方の席でOBたちはこんな批評をしていたのだ。昨日まで、鳥の鳴き声みたいに聞こえたOBの言葉が、今日はちゃあんと人間の話し声に聞こえる。

これは克久にとって、驚きに値した。

克久がいちばん間抜けだと感じたのは百合子《ゆりこ》だった(注7)。なにしろ、地区大会を終わって家に戻って最初に言ったのは次の一言だ。

「やっぱり、強い学校は高い楽器をたくさん持っているのね」

それを言っては、(ウ)みもふたもない。言ってはならない真実というものは世の中にはある。それに高価な楽器があれば演奏できるというものでもない。演奏する生徒がいて、初めて高価な楽器がものを言うのだなんてことを、克久は百合子に懇切丁寧に説明する親切心はなかった。

「小学生とはぜんぜん違う」

実は百合子も少し興奮気味だったのである。克久には小学校時代は太古の昔、悠久のかなただったが、百合子にはわずか六カ月前にもならない。だいたい、その頃、(注8)銀行に申し入れた融資の審査がまだ結論が出ていなかった。伊万里《いまり》焼の皿の並んだテーブルをはさんで恐竜と宇宙飛行士が会話しているという比喩《ひゆ》で良いのかどうか。そのくらい、時の流れの感覚が食い違っていた。これだから中学生は難しい。百合子がうれしい時に使う古典柄の伊万里が照れくさそうに華やいでいた。この皿はうれしい時も出番だが、時には出来合いのロールキャベツを立派に見せるためにお呼びがかかることもあった。

翌日から一年生は「やる気あるのか」と上級生に言われなくなった。帰宅は毎日九時を過ぎた。

県大会の前日はさすがに七時前に克久も家に帰って来た。「ただいま」と戻った姿を見た百合子はたちまち全《すべ》てを了解した。了解したから、トンカツなどを揚げたことを後悔した。大会にカツなんて、克久流に言えば「かなりサムイ」しゃれだった。

「ベンちゃんが今日は早く風呂《ふろ》に入って寝ろってさ」

「そうなんだ」

百合子はこんな克久は見たことがなかった。なんでもなく、普通そうにしているけれども、全身に緊張があふれていた。それは風呂場で見せる不機嫌な緊張感とはまるで違った。ここに何か、一つでも余分なものを置いたら、ぷつんと糸が切れる。そういう種類の緊張感だった。

彼は全身で、いつもの夜と同じように自然にしてほしいと語っている。「明日は大会だから、闘いにカツで、トンカツ」なんて駄ジャレは禁物。

もっとスマートな応対を要求していたのである。会話だって、音楽の話もダメなら、大会の話題もダメであった。

そういうことが百合子にも解る顔をしていた。こんなに穏やかな精神統一のできた息子の顔を見るのは初めてだ。一人前の男である。誇りに満ちていた。

もちろん、彼の築き上げた誇りは輝かしいと同時に危ういものだ。

「お風呂、どうだった」

「どうだったって？」

「だから湯加減は」

音楽でもなければ、大会の話でもない話題を探そうとすると、何も頭に浮かばない。湯加減と言われたって、家の風呂は温度調整のできるガス湯沸かし器だから、良いも悪いもないのである。

「今日、いい天気だったでしょ」

「毎日、暑くてね」

「……」

練習も暑くて大変ねと言いかけて百合子は黙った。

「……」

克久も何か言いかけたのだが、目をぱちくりさせて、口へトンカツを放り込んでしまった。

「あのね、仕事の帰りに駅のホームからうちの方を見たら、夕陽が斜めに射して、きれいだった」

「そう。……」

なんだか、ぎこちない。克久も何か言おうとするのだが、大会に関係のない話というのは探しても見つからない。それでも、その話はしたくなかった。この平穏な気持ちを大事に、そっと、明日の朝までしまっておきたかった。

C初めて会った恋人同士のような変な緊張感。それにしては、百合子も克久もお互いを知り過ぎていた。百合子は「こいつは生まれる前から知っているのに」とおかしくて仕方がなかった。

「……」

改めて話そうとすると、息子と話せる雑談って、あまり無いものだなと百合子は妙に感心した。

「……」

克久は克久で、何を言っても、話題が音楽か大会の方向にそれていきそうで閉口だった。

「これ、うまいね」

こういうことを言う時の調子は夫の久夫が百合子の機嫌を取るのに似ていた。ぼそっと言ってから、少し遅れてにやりと笑うのだ。

「西瓜《すいか》でも切ろうか」

久夫に似てきたが、よく知っている克久とは別の少年がそこにいるような気もした。

「……」

西瓜と言われれば、すぐ、うれしそうにする小さな克久はもうそこにいない。

「……」

百合子は西瓜のことを聞こうとして、ちょっとだけ息子に遠慮した。彼は何かを考えていて、ただぼんやりとしていたわけではない。D少年の中に育ったプライドはこんなふうに、ある日、女親の目の前に表れるのだった。

（注）

1　森勉——花の木中学校の音楽教師。吹奏楽部の顧問をつとめている。部員たちからは「ベンちゃん」と呼ばれている。

2 「くじゃく」――ハンガリーの作曲家コダーイがハンガリー民謡「くじゃく」の旋律をもとに作った曲。

3・4 鈴木女史・有木部長――ともに吹奏楽部の上級生。

5 「交響的譚詩」――日本の作曲家露木正登《まさと》が吹奏楽のために作った曲。

6 克久の胸のうさぎ――克久が、自分の中にいると感じている「うさぎ」のこと。克久は、小学校を卒業して間もなく花の木公園でうさぎを見かけて以来、何度かうさぎを見つけては注意深く見つめていた。吹奏楽部に入った克久は、いつの間にか一羽の「うさぎ」が心に住み着き、耳を澄ましているように感じ始めていた。

7 百合子――克久の母。夫の久夫は転勤したため、克久とふたりで暮らしている。

8 銀行に申し入れた融資――伊万里焼の磁器を扱う店を出すため、百合子が銀行に借り入れを申し入れた資金のこと。

問1 傍線部(ア)～(ウ)の本文中における意味として最も適当なものを、次の各群の①～⑤のうちから、それぞれ一つずつ選べ。

(ア) いわく言い難い

① 言葉にするのが何となくはばかられる
② 言葉では表現しにくいと言うほかはない
③ 言葉にしてしまってはまったく意味がない
④ 言葉にならないほどあいまいで漠然とした
⑤ 言葉にするとすぐに消えてしまいそうな

(イ) 和声理論の権化

① 和声理論で厳しく律せられた演奏
② 和声理論で堅固に武装した演奏

③ 和声理論を巧みに応用した演奏
④ 和声理論を的確に具現した演奏
⑤ 和声理論にしっかりと支えられた演奏

(ウ) みもふたもない
① 現実的でなくどうにもならない
② 大人気なく思いやりがない
③ 露骨すぎて話にならない
④ 計算高くてかわいげがない
⑤ 道義に照らして許せない

問2 傍線部A「音が音楽になろうとしていた」とあるが、それはどういうことか。その説明として最も適当なものを、次の①〜⑤のうちから一つ選べ。

① 指揮者の指示のもとで各パートの音が融《と》け合い、具象化した感覚や純化した感情を克久に感じさせ始めたこと。
② 指揮者に導かれて克久たちの演奏が洗練され、楽曲が本来もっている以上の魅力を克久に感じさせ始めたこと。
③ 練習によって克久たちの演奏が上達し、楽曲を譜面通りに奏でられるようになったと克久に感じさせ始めたこと。
④ 各パートの発する複雑な音が練習の積み重ねにより調和し、圧倒するような迫力を克久に感じさせ始めたこと。
⑤ 各パートで磨いてきた音が個性を保ちつつ精妙に組み合わさり、うねるような躍動感を克久に感じさせ始めたこと。

問3 傍線部B「怒られるたびに内心で『ちゃんとやってるじゃないか』とむくれていた気持ちがすっかり消えた」とあるが、それはなぜか。その理由として最も適当なものを、次の①〜⑤のうちから一つ選べ。

① 日々の練習をきちんと積み重ねているつもりでいた一年生だったが、地区大会で他校の優れた演奏を聴いて、めざすべき演奏

のレベルが理解できたと同時に、まだその域に達していないと自覚したから。
② 地区大会での他校の演奏を聴いて自信を失いかけた一年生だったが、演奏を的確に批評するOBたちが自分たちの演奏を音に厚みがあると評価したので、あらためて先輩たちへの信頼を深めたから。
③ それまでばらばらだった自分たちの演奏が音楽としてまとまる瞬間を地区大会で初めて経験した一年生は、音と音楽との違いに目覚めると同時に、自分たちに求められている演奏の質の高さも実感したから。
④ 地区大会で他校のすばらしい演奏を聴いて刺激を受けた一年生は、これからの練習を積み重ねていくことで、音楽的にさらに向上していこうという目標を改めて確認し合ったから。
⑤ 自分たちとしては十分に練習をしてきたつもりでいた一年生だったが、地区大会でのの他校の堂々とした演奏を聴き、自信をもって演奏できるほどの練習はしてこなかったと気づいたから。

問4 傍線部C「初めて会った恋人同士のようなな」とあるが、この表現は百合子と克久のどのような状態を言い表したものか。その説明として最も適当なものを、次の①〜⑤のうちから一つ選べ。

① 自分の好意を相手にきちんと伝えたいと願っているのに、当たり障りのない話題しか投げかけられず、もどかしく思っている。
② 互いのことをよくわかり合っているはずなのに、相手を前にしてどのように振る舞えばよいかわからず、とまどっている。
③ 本当は心を通い合わせたいと思っているのに、話をしようとすると照れくささからそっけない態度しかとれず、悔やんでいる。

④ 相手の自分に対する気配りは感じているのに、恥ずかしくてわざと気付かないふりをしてしまい、きまり悪さを感じている。

⑤ なごやかな雰囲気を保ちたいと思って努力しているのに、不器用さから場違いな行動を取ってしまい、笑い出したくなっている。

問5 傍線部D「少年の中に育ったプライドはこんなふうに、ある日、女親の目の前に表れるのだった」とあるが、その説明として最も適当なものを、次の①〜⑤のうちから一つ選べ。

① 充実した練習を通して自ら育《はぐく》んできた克久のプライドは、県大会に向けての克久の意気込みと不安を百合子に感じさせるものであった。このプライドは張り詰めて折れそうな心を自覚しながら独り大会に備える自立した少年の姿を通して不意に百合子の前にあらわれ、幼いと思っていた息子が知らないうちに夫に似てきたことを百合子に感じさせた。

② 仲間たちとの交わりの中で自ら育んできた克久のプライドは、仲間への信頼と自分がかけがえのない存在であるという自覚を百合子に感じさせるものであった。このプライドは自らの緊張感を百合子に悟らせまいとしている大人びた少年の姿を通して不意に百合子の前にあらわれ、息子の成長に対する喜びを百合子に感じさせた。

③ 努力を重ねるなかで自ら育んできた克久のプライドは、克久のおごりと油断を百合子に感じさせるものであった。このプライドは他人を寄せつけないほどの緊張を全身にみなぎらせている少年の姿を通して不意に百合子の前にあらわれ、大会を前にした息子の気負いをなだめ、落ち着かせなけれ

ばならないという思いを百合子に感じさせた。

④　吹奏楽部の活動に打ち込むなかで自ら育んできた克久のプライドは、りりしさとともろさを百合子に感じさせるものであった。このプライドは高まった気持ちを静かに内に秘めた少年の姿を通して不意に百合子の前にあらわれ、よく知っている克久の姿とともに、理解しているつもりでいた克久ではない成長した少年の姿も百合子に感じさせた。

⑤　同じ目的を持つ仲間たちとの協力を通して自ら育んできた克久のプライドは、どんなことにも動じない自信と気概を百合子に感じさせるものであった。このプライドは百合子を遠慮させるほど堂々とした少年の姿を通して不意に百合子の前にあらわれ、克久がこれまでとは別の少年になってしまったという錯覚を百合子に感じさせた。

問6　この文章の叙述の説明として**適当でないもの**を、次の①〜⑥のうちから二つ選べ。ただし、解答の順序は問わない。

①　本文では、「スゴイ学校は他にいくらでもあった」「スゲェナ」「サムイ」などをカタカナで表記することで、これらの表現に話し言葉らしさや若者言葉らしさを与えている。

②　百合子と克久の会話文で多用されている「……」は、適当な言葉を見つけられなくて会話を続けられないでいる二人の様子を効果的に表現している。

③　本文では、県大会の前日までのできごとが克久の経験した順序で叙述されており、このことによって登場人物の心情の変化が理解しやすくなっている。

④　本文（36行〜70行目）には比喩を用いて

音楽を表現している部分がある。そこでは、「大海原のうねりのような音」といった直喩だけを用いて隠喩を用いないことで、音楽の描写をわかりやすいものにしている。

⑤　本文（71行〜109行目）の「昨日まで、鳥の鳴き声〜今日はちゃあんと人間の話し声に聞こえる」の文末が現在形になっていることで、OBたちの話を聞いたときの克久に読み手がより共感しやすくなっている。

⑥　本文（71行〜109行目）の地区大会の後で克久が帰宅した場面では、あえて「恐竜と宇宙飛行士」といった大げさな対比を用いることによって、母親と息子のずれの大きさを強調している。

どうも感心できない問題だが、気を取り直して全問「正解」への準備をはじめよう。例によって、まず要約文をつくろう。問題文は短いし、ストーリー自体はわかりやすいので、すぐに要約文を示しておこう。

「克久が、吹奏楽部の地区大会を通して成長する物語」でどうだろうか。これが**物語パターン化能力**である。これは問5に効いてくる。ただし、これだけでは設問すべてには対応できない。そこで、対応できるようにこういう物語の型について基礎知識を確認しておこう。

君たちは観ていないかもしれないが、僕が小学生の時からＮＨＫが毎朝「連続テレビ小説」という一五分の番組を放映している。最近では、『あまちゃん』や『ごちそうさん』が人気を博した。この枠で放映される「連続テレビ小説」は、ほぼ物語の型が決まっている。「少女が女に成長する物語」である。

しかし、何事もなく「少女が女に成長」したのでは話にならない。そこで、少女に多くの苦難を用意して、それを乗り越えることが観る側の楽しみになるようにつくってある。この『楽隊のうさぎ』の問題部分もそうなっている。そこで、設問はその成長までに紆余曲折《うよきょくせつ》するプロセスを問うことになる。

成長物語が受験に出題されるときには、こういうパターンになるのがふつうだ。したがって、その紆余曲折においても、成長へ向けて希望のようなものが含まれているということになる。「正解」の選択肢にもそのようなニュアンスが出ているはずだ。これは覚えておくといいと思う。

問1 (ア)は②、(イ)は④、(ウ)は③である。(ア)と(ウ)は辞書通りだから問題はないが、ちょっと考え込むのは(イ)だろうか。「権化」の辞書的な意味は二つある。一つは「仏や菩薩《ぼさつ》がこの世に仮の姿で現れること」というほどの意味。もう一つは「抽象的な特性が具体的な姿となったと思われるほど、その抽象的な特性が著しいこと」というほどの意味。ここは二つ目の意味なので、「具現」という言葉が使われている④が「正解」となる。「的確に」は、有木の「スゲェナ」という感嘆の言葉を**翻訳**したのだろう。

問2 選択肢を読むと、たいへん抽象的な言葉が並べられている。そこで、主に**翻訳能力**を使って解く設問だとわかる。問題文のポイントは、8行目の「克久はばらばらだった音が、一つの音楽にまとまる瞬間を味わった」と、12行目の「いわく言い難い哀しみが、絡み合う音の底から湧き上がっていた」の二点をどのように**翻訳**しているのかを見極めることと、そもそも傍線部Aの「音が音楽になろうとしていた」というちょっとキザな表現はどういうことを意味しているかを想像することにある。

②は「楽曲が本来もっている以上の魅力」が「音が音楽になろうとしていた」と見合っていないようだ。③は「楽曲を譜面通りに奏でられるようになった」が「音が音楽になろうとしていた」に見合っていないようだ。どちらも「ばらばらだった音が、一つの音楽にまとまる瞬間」に触れていないからという理由で、「不正解」と判断してもいい。

②と③はほぼ逆のことを言っていることがわかる。こういう具合に**セットになった選択肢**

はどちらかが「正解」である場合が多いが、ときおりどちらも「正解」でない場合があるという法則（？）があるから、特に注意が必要だ。

作問するときには、「正解」とは逆のダミーを作りがちだし、ダミーがたくさん作れないときには、苦し紛れにセットになるようなダミーの選択肢を作ってしまいがちなのである。人間は四回も嘘《うそ》をつくようにはできていないものだ。だから、五択問題は作問がとてもたいへんなのである。とても責める気にはなれない。

④は選択肢の前半が「ばらばらだった音が、一つの音楽にまとまる瞬間」を**翻訳**しているが、後半が「いわく言い難い哀しみが、絡み合う音の底から湧き上がっていた」と反対のことが書いてあるから「不正解」である。⑤は、④とまったく同じ理由で「不正解」である。これは、**セットになった選択肢はどちらかが「正解」である場合が多いが、ときおりどちらも「正解」でない場合がある**という法則の後者にあたる。

「正解」はどの選択肢ともセットになっていない①のようだ。10行目からの「枯れ草の匂いがした」とか「斜めに射す入り陽の光」を「具象化」と**翻訳**しており、「いわく言い難い哀しみ」を「純化した感情」と**翻訳**したようだ。「いわく言い難い」、つまり言葉にできないような「哀しみ」を「純化」と**翻訳**したのだろう。

問3　この設問では、傍線部B「怒られるたびに内心で『ちゃんとやってるじゃないか』とむくれていた気持ちがすっかり消えた」ような克久の「心情」（結果）の原因となった出来事は何かと問うているのである。この設問には先に説明した、現実に起きた出来事がある心情を生み出すという、原因と結果に関する思想が働いている。

したがって現実に起きた出来事を答えるのだから、この設問には**情報整理能力**と**翻訳能力**を組み合わせて使うのがベストということになる。末尾はどの選択肢も肯定的なので、**小市民的感情力**は使えない。**設問を解くには、はじめに選択肢の末尾だけをさっと読む習慣を身につけておいた方がいい**。

②は出来事のまとめはまちがっていないが、最後の「あらためて先輩たちへの信頼を深めたから」の「あらためて」が大まちがい。86行目から「昨日まで、鳥の鳴き声みたいに聞こえたOBの言葉が、今日はちゃあんと人間の話し声に聞こえる」とあるのだから、それまでは「先輩」を「信頼」などしていなかったのである。

③は「自分たちの演奏が音楽としてまとまる瞬間を地区大会で初めて経験した一年生」が大まちがい。一年生がこのような「経験」をしたのは、県大会の前に開催された地区大会の

前日だった（17行目）。④は「音楽的にさらに向上していこうという目標を改めて確認し合ったから」がまちがい。こういうことを「改めて確認し合った」記述はない。

ここで、②と④に「あらためて」と「改めて」と表記はちがうが、同じ言葉が使われていることに気付いただろうか。狸が尻尾を出したのである。**同じキーワードが使われている選択肢が複数ある場合にはどちらかが「正解」である場合が多いが、ときおりどちらも「正解」でない場合がある**という法則を思い出してほしい。この場合は、「どちらも「正解」でない」のである。

⑤は微妙だが、最後の「自信をもって演奏できるほどの練習はしてこなかったと気づいたから」がまちがい。大会前日に「自信」を持ったのだと思う。その「自信」が大会で打ち砕かれたわけだ。したがって、「正解」は出来事を過不足なく**整理**し**翻訳**して記述した①でいいのだろう。

問4 どうでもいいことかもしれないが、本文の「初めて会った恋人同士のような」という表現がヘンだと思う。人は「初めて会った」ときにすでに「恋人同士」になっているものだろうか。「出会い系サイト」ですでに「恋人同士」になっていたわけ？　まさか。しかたがないから、「恋人同士が初めて会ったときのような」と理解しておこう。

いまの若者には恋愛があまりはやらないようだから（もっとも、多くのワセジョは肉食系だが）、もしかしたらわかりにくいかもしれない。とにかく、選択肢は「心情」が中心だから、まず選択肢の末尾だけを見て**小市民的感情力**を使って絞り込み、さらに**小市民的感情力**を使って選択肢の全体を検討して、消去法で「正解」を得るのが効率的だ。

問題文後半の、大会の前日に戻って記述する場面に関する設問だが、選択肢の末尾を見ると、克久がもう「一人前の男」（142行目）の「顔」になって（＝成長して）、母と息子がお互いにそれまでの関係を変える時期が来た（これが受験問題である以上、もちろんそれは良いこと＝肯定的なことである）と覚る「変な緊張感」にそぐわない選択肢がある。③の「悔やんでいる」と⑤の「笑い出したくなっている」である。この二つははじめから除外して、残りの選択肢だけを検討すればいい。

念のために言っておくと、③と⑤は末尾以外のまとめの部分は、少し解釈は入ってはいるものの、まったくのまちがいとは言えない。解釈は**小市民的感情力**によってなされることが多いから、特に**小市民的感情力**が問われる設問だと言っていい。センター試験の小説問題が解釈を許容するのかしないのか。もし解釈を入れずに翻訳しているだけの選択肢が別にあるなら、それを「正解」とすることになる。この設問はセンター試験の小説問題がどの水準の「正解」を求めているかを知るための試金石となりそうだ。

①は「自分の好意を相手にきちんと伝えたいと願っているのに」がまちがい。「恋人同士」に引っかけた苦心のダミーだ。おそらく母親は「頑張って」と伝えたいと思っていて（だからトンカツなのだ）、克久は「大丈夫だから、何も言わないで」と伝えたいのだ（141行目の「こんなに穏やかな精神統一のできた息子の顔」がそれを表している）。「好意」を伝えたいわけではない。

④はとても微妙でよくできたダミーだが、「恥ずかしくてわざと気付かないふりをしてしまい」がまちがいのようだ。深読みすれば、二人がこのような状態にある可能性はあると思う。しかし、それは解釈の産物であって、問題文によけいなものを付け加えてしまっている。すなわち、**翻訳と解釈は別々の営み**なのである。両者のちがいを厳密に確定することはできないが、翻訳は本文を変換するだけで何も付け加えず、解釈は本文に読者の読みを付け加える営みである。本文からは、「わざと気付かないふり」をしているかどうかは確定できない。

したがって、「正解」は②となる。二人の「状態」を翻訳してまとめてはいるが、解釈はしていない。この②と比べれば、③と⑤は解釈が入っているからまちがいだと判断してもいい。これでセンター試験の小説問題の「正解」が求める水準がほぼわかった。**解釈した選択肢は「不正解」**なのである。

文学の読みは解釈からはじまるものだから、センター試験の小説問題は文学ではないと、僕は言っているのだ。小説を豊かに解釈できるような、小説が読める受験生ほどセンター試験の小説問題でつまずくのは、こういう理由によっている。だから、**センター試験の小説問題は文学ではない**と割り切って解いてほしい。

問5　どれもなが〜い選択肢である。ここで、これは成長物語だったことを改めて思い起こしてほしい。したがって、もし選択肢に「成長」という言葉があれば、それが「正解」である可能性が高い。やっぱりあった。②と④である。ところが、②には「仲間への信頼と自分がかけがえのない存在であるという自覚を百合子に感じさせるものであった」という決定的なまちがいが含まれている。克久はこういう複雑なことを「百合子に感じさせ」てはいない。そういう記述はない。そこで、おそらく④が「正解」だと推測していい。

出題者は、「正解」に「成長」という言葉を使うことが避けられないので、やむを得ずもう一つ「成長」を使った選択肢②をつくったのである。しかし、②が必要以上に「正解」っぽくなることも避けたいので、決定的なまちがいを仕込んでおいたのだろう。これは**同じキーワードが使われている選択肢が複数ある場合にはどちらかが「正解」である場合が多いが、ときおりどちらも「正解」でない場合がある**という法則の前者の方だが、これが成長物語だときちんと把握できていれば迷うことはない。

時間がないときには、④を読んで特におかしなことがなければ、「正解」を④として先に進んでいい。

念のために、ほかの選択肢を検討しておこう。

①には「幼いと思っていた息子が知らないうちに夫に似てきたことを百合子に感じさせた」とある。まちがってはいないが、「この物語のキモはそこじゃないでしょ」である。これは文学的感性の問題だ。③は「克久のおごりと油断を百合子に感じさせるものであった」がまったくの見当ちがい。⑤は「錯覚」がまったくの見当ちがい。

問5は選択肢が長くて恐怖感を与える割には、やさしい問題である。

問6　これは消去法を使う以外に手はない。決定的なまちがいを含む選択肢を選び出せばいいのである。

③は「県大会の前日までのできごとが克久の経験した順序で叙述されており」がまちがい。叙述の順序は、地区大会前日↓県大会当日↓県大会前日である。④は「直喩だけを用いて隠喩を用いないことで」がまちがい。指定された部分には、「クラリネットの研ぎ澄ました音は、一本の地平線を見事に引いた」という「隠喩」が用いられている。「クラリネットの研ぎ澄ました音」が現実に「一本の地平線を見事に引」くことはあり得ないから、これは「隠喩」と理解していい。

ちなみに、直喩も隠喩も似ているものを結びつける働きがあるが、結びつけ方がちがう。直喩は「リンゴのような頬《ほお》」という具合に、「赤い」という似た性質を「ような」で結びつける。ただし、似ていないもの同士を結びつけるときもある。「白のような黒」とか「太陽のような海」などと言ってみると、まるで詩のようだ。こういう例外的な使い方もある。

隠喩は似ているもの同士を「ような」を使わないで結びつける。「彼女は薔薇《ばら》だ」などがそれだ。これを読んだ人は、「彼女は薔薇のように美しいのだろう」とか「彼女の美しさには棘《とげ》があるのだろう」などと推測する。解釈を必要とするぶん、隠喩の方が意味が広くなる傾向がある。

問題文が成長物語となっていて単純だから、出題者は選択肢をつくるのにずいぶん苦労したようで、翻訳とも解釈ともつかないような微妙なところを突いてきていた。なかなかのくせ者みたいだ。

◆自分を発見する――井伏鱒二『たま虫を見る』　難易度☆☆☆☆

二〇一二年一月に実施されたセンター試験の小説問題である。

これは、書かれていない「心情」を手を替え品を替えて問うかなり難解な小説だ。しかも、独特の表現、恋人同士の微妙な気持ちの綾《あや》、主人公の語り手が自己を見詰める独特の思考方法、象徴的に使われる「たま虫」など、小説を読み慣れた読者でもかなりとまどう要素が多い。設問は、それらをみごとに突いてきている。

第2問　次の文章は、井伏鱒二《いぶせますじ》の小説「たま虫を見る」の全文である。これを読んで、後の問い（**問1～6**）に答えよ。なお、本文の上の数字は行数を示す。（配点　50）

おそらく私ほど幾度も悲しいときにだけ、（注1）たま虫を見たことのある人はあるまいと思う。

よその標本室に行ってみて、そこの部屋で私達《たち》はおびただしい昆虫に出会《でくわ》すであろうが、たま虫ほど美しい昆虫を発見することは出来ないのである。私達はこの昆虫の死骸《しがい》の前に立ち止《どま》って、或《ある》いは感動の瞳《ひとみ》をむけながら囁《ささや》くであろう。

「めったに見たことのない虫だが、これは未《ま》だ生きているのではないかね？」

「死んじまっても羽根の色は変《かわ》らないらしいんだよ。」

「この色は幸福のシンボルだそうだよ。書物にそういって書いてあるんだ。」

「何《ど》ういって鳴く虫だろう？」

「まるで生きているようじゃないか！」

――ところが私の見たのは標本室のではなくて、生きているやつなのである。

私が十歳の時、私の兄と私とは、叔母につれられて温泉場へ行った。叔母は私の母よりも以上に口やかましい人で、私があまり度々お湯へ入ることを厳禁して、その代《かわ》りに算術の復習を命じた。そのため私は殆《ほと》んど終日、尺(注2)を里・町・間になおしたり、坪(注3)を町・段《たん》・畝になおしたりした。

或《あ》る日、私は便所の壁に（村杉正一郎のバカ）といううらくがきを発見した。村杉正一郎は私の兄と同級で級長をしていたので、兄は正一郎を羨《うらや》んだものに違いなかった。けれど温泉場は私達の学校から幾十哩《まいる》(注4)も隔ったところにあったので、村杉正一郎や彼の知人が、便所のらくがきを見る筈《はず》はなかったのである。私は兄の(ア)浅慮を全く嘲笑《ちょうしょう》した。

「叔母さんに言いつけてやろう。」

「言ったらなぐるぞ！」

兄は実際に私の頰《ほお》をなぐった。私は木立ちの中に駆け込んで、このことは何うしても叔母に言いつけなくてはならないと考えながら大声に泣いた。この悲しい時、私の頰をくっつけている木の幹に、私は一匹の美しい虫を見つけたのである。私は蟬《せみ》を捕える時と同様に、忍び寄ってそれを捕えた。そしてこの虫は何ういって鳴くのであろうかと、唖蟬《おしぜみ》(注5)をこころみるときと同様にその虫を耳もとでふってみた。

美しい虫であった。羽根は光っていた。私はこの虫を兄にも見せてやろうと思ったが、兄の意地悪に気がついた。叔母は私が算術を怠けたといって叱《しか》るにちがいなかった。誰《だれ》にこの美しい虫を見せてよいかわからなかった。A私はもとの悲しさに返って、泣くことをつづけたのである。

「何故《なぜ》この虫は折角《せっかく》こんなに美しくっても、私が面白い時に飛んで来なかったのだろう」

それから十幾年もたって、私は再びこの昆虫を見つけたのである。

すでに私は大学生になっていて、恋人さえ持っていた。恋人は美しく且つ可憐《かれん》で、彼女は私と一しょに散歩することを最も好んだ。

郊外の畑地は全く耕されていなかったので、彼女が田舎へ出発してしまう前の日にも、私達はその畑地を野原とみなした。積み重ねた煉瓦《れんが》と材木とは、私達の密会をどの家の二階からも電車の窓からも見えなくした。

「きっと、お手紙下されば、私はほんとに幸福ですわ……空があんなに青く晴れているんですもの。」

彼女は日常は極めて快活であったが、恋愛を語ろうとする時だけは、少なからず(イ)通俗的でまた感傷的であった。そして物事をすべて厳密に約束する癖があった。

「明日は午後二時三十分にあそこで待っていますわ。」

「僕等《ら》は三時まで学校があります。」

「では三時三十分頃《ころ》、そしてきっとお待ちしていますわ。」

私は決心して彼女の肩の上に手を置いた。そのとき、急にはその名前を思い出せないほどの美しい一ぴきの昆虫が、私のレインコートの胸にとまっていたのである。彼女はすばやく指先でその昆虫をはじき落《おと》してしまったので、私は周章《あわ》てて叫んだ。

「たま虫ですよ！」

しかし最早たま虫はその羽根を撃ちくだかれて、腹を見せながら死んでいた。私はそれを拾いとろうとしたが、彼女はそれよりも早く草履でふみにじった。

「このレインコートの色ね。」

そして彼女は私の胸に視線をうつしたのであるが、私は彼女の肩に再び手を置く機会を失ってしまった。私達はお互《たがい》に暫《しばら》く黙っていた後で、私は言った。

「あなたは、このレインコートの色は嫌いだったのですね！」

「あら、ちっともそんなことありませんわ。たま虫って美しい虫ですもの。」

「でも、あなたはそれをふみつぶしちゃいました。」

「だってあなたの胸のところに虫がついていたんですもの。」

B 私達はお互に深い吐息をついたり、相手をとがめるような瞳をむけあったりしたのである。

牛込《うしごめ》警察署は、私を注意人物とみなした。私が学生でもなく勤め人でもなく、そして誰よりも貧困であったからなのであろう。

呼び出しのあった日に、私の友人は顔を剃《そ》ったり風呂《ふろ》に入ったりしてから、私の代りに警察署へ出頭してくれた。そして彼の報告によれば、私が街で立ちどまっているところを写したキャ(注6)ビネ型写真を示されたというのである。私は何時《いつ》の間に写されたかそれを知らない。写真では私が冬のインバネス（注7）を着て夏のハンチング（注8）を冠《かぶ》って（これは最近の私の服装である）エハガ（注9）キ屋の飾り看板を顔をしかめながら眺め入っているところだそうだ。そうして写真の横のところには朱でもって――危険思想抱懐せるものの疑いあり――と記入されていたという。

　私はインバネスを着て外に出た。私は牛込署へ出頭するのではなくて、エハガキ屋の店先へ行ったのである。そして飾り看板を見上げながら顔をしかめてみた。飾り看板の硝子《がらす》の中には、数枚の裸体画と活動女優（注10）の絵葉書とが入れてあった。たしかに私はこの姿勢でもってこの表情で……

「ここに虫がいる！」

　たま虫が、硝子の破れ目に一本の脚をかけてぶら下《さが》っている。私は手をのばしてそれを捕えようとした。けれど今も私の直《す》ぐ後ろで警察の人達がカメラをもって私をねらっているかもわからない。彼等は、私が昆虫を摑《つか》まえようとして手をのばしたところを、絵葉書を盗もうとしている姿勢に写すかもしれない。私は随分ながいあいだたま虫を眺めながら、顔をしかめる表情を続けてみた。C硝子にうつる私の顔は、泣き顔に見えた。

「この昆虫はどうして斯《こ》んなに私が不機嫌なときに見つかるのだろう？」

　就職口が見つかったので、叔母にそのことを報告してやると、彼女から祝いの手紙が来た。彼女はかつて私達を毎年温泉場へつれて行ってくれたところの叔母であって、今は修道院に入っている。彼女の手紙は実にくどくて、手紙の終《おわ》りには必ず数行の格言が書いてあったのだ。今度は次のように書いてあった。

「貧しくとも正しく働け。悩むとも、聖霊とともにそれが如何《いか》に正しき悩みなるかを知れよ。絶望はいびつなる悩みであることを知れ。」

　私は叔母のこの平凡な文章を嘲笑したのではなく、寧《むし》ろ彼女の(ウ)さしでがましさによって力づけられ慰められるのを知ったのである。しかし私の勤めぶりは上等ではなかった。

（旧古書林校正係(注11)）

　自分のこの肩書きを私は自慢にしていたわけではなかったのだが、勤めてから幾らもたたない時、編輯員《へんしゅういん》の松本清太郎は私の頭をなぐった。私が生意気で校正が下手だというのだ。私は自分が喧嘩《けんか》に弱いと信じていたので、彼に対して反抗しなかった。

「……………」

　俺《おれ》は弱いな？　そういうことを思いながら彼になぐられたのである。こんな場合には、なぐられた者の方が必ずつまらなく不愉快になるに相違なかった。私は幾度もそれとは反対の考えを持とうと努力したのであるが、それは駄目であった。

　私は髪床屋へ行った。そこを出て、冷たい手で頤《あご》を撫《な》ぜてみた時、私は電信柱の根元に一匹のたま虫が死んでいるのを発見したのである。

「いまに蟻《あり》が群《むらが》るだろう。」

　私はその昆虫を拾いあげて、それを電信柱にとまらせてみた。けれど動かなくなった彼の脚は、木肌のどの窪《くぼ》みにも摑《つかま》ることをしなかった。私は彼を今度は木肌の割れ目にぶらさがらせようとした。ところが私はあまりデリケイトに彼を取扱《とりあつか》わなかったので、枯渇した彼の前脚を折ってしまった。私はゲラ刷り(注12)の綴針《とじばり》をぬきとって、彼を標本みたいに電信柱にとめつけた。

「何うだ、生きているように見えないかね？」

　そうして私は、生きているように見えるたま虫を袖《そで》のなかにしまって、停留場(注13)の安全地帯に入った。人々は電車の来る度毎《ごと》に私を後ろにおしのけ、電車で行ってしまうと私を前にゆずった。D私は人を押しのけはしないのだと心のなかで思いながら、実は少しばかり人を押しのけながら割り込む必要を覚えた。

数日たって或る夜更けに私はすでに寝床に入っていたのであるが、袖のなかのたま虫を見てみることにした。その夜、私は宝焼酎《たからしょうちゅう》(注14)をのんだので、幾ら水をのんでも咽《のど》のかわく夢をみて眠れなかったからである。

私はたま虫のことを忘れてしまっていたのだ――たま虫が着物の袖のなかで少量の醜悪な粉末となっているのを発見して、私はその粉末を窓の外にふきとばした。私は夢ではなしに事実、冷水《おひや》をのみながら考えた。

「今度たま虫を見ることがあるとすれば、それはどんな時だろう――私の不幸の濃度を一ぴきずつの昆虫が計ってみせてくれる。」

再び夢で水をのむとき、私は水をのみながらオルガンを上手にひいていた。最近私は、若《も》し失職したならば叔母に依頼して、牧師になるように手続きしてもらおうと思っていたのである。

(注)

1 たま虫――光沢を持つ甲虫の一種。金緑色に赤紫色の二本の縦線がある。また、光線の具合によって色が変わって見える染め色・織り色をたま虫色という。

2 尺――長さの単位。「里」「町」「間」も同じ。

3 坪――面積の単位。「町」「段」「畝」も同じ。

4 哩――距離の単位。一哩は、約一・六キロメートル。

5 啞蟬――鳴かない蟬、雌の蟬。

6 キャビネ型――写真の大きさの一つ。

7 インバネス――和服用に流行した袖なしのオーバーコート。

8 ハンチング――前にひさしのついた平たい帽子。

9 エハガキ屋――絵葉書を売る店。二〇世紀初頭に流行した。

10 活動――「活動写真」の略称で、映画の旧称。

11 校正係――印刷の工程で、文字の誤りや不備などを正す仕事。

12 ゲラ刷りの綴針――「ゲラ刷り」は校正用に印刷物の試し刷りをしたもの。「綴針」はそれを綴《と》じるための針。

13 停留場の安全地帯――路面電車に乗り降りするための場所。

14 宝焼酎――焼酎の銘柄の一つ。

問1 傍線部(ア)～(ウ)の本文中における意味として最も適当なものを、次の各群の①～⑤のうちから、それぞれ一つずつ選べ。

(ア)浅慮を全く嘲笑した

① 短絡的な考えに対して心の底から見下した
② 卑怯《ひきょう》なもくろみに対してためらわず軽蔑《けいべつ》した
③ 粗暴な行動に対して極めて冷淡な態度をとった
④ 大人げない計略に対して容赦なく非難した
⑤ 軽率な思いつきに対してひたすら無視した

(イ)通俗的

① 野卑で品位を欠いているさま
② 素朴で面白みがないさま
③ 気弱で見た目を気にするさま
④ 平凡でありきたりなさま
⑤ 謙虚でひかえ目なさま

(ウ)さしでがましさ

① 人の気持ちを酌んで自分の主張を変える

こと

② 人のことを思い通りに操ろうとすること

③ 人の事情に踏み込んで無遠慮に意見したがること

④ 人の意向よりも自分の都合を優先したがること

⑤ 人の境遇を自分のことのように思いやること

問2 傍線部A「私はもとの悲しさに返って、泣くことをつづけたのである。」とあるが、その時の心情の説明として最も適当なものを、次の①〜⑤のうちから一つ選べ。

① 兄になぐられて木立ちの中に駆け込んだ時の悔しさが思い出され、誰とも打ち解けられずひとりでやり過ごすしかない寂しさをかみしめている。

② 抵抗もできずに兄から逃げ出した時の臆《おく》病《びょう》さを思い返し、ひとりで隠れていても兄や叔母にいつ見つかるかわからないという恐怖におののいている。

③ 兄に歯向かうことができなかった情けなさを改めて自覚し、自分の切実な望みが兄や叔母によって妨げられることへの憤りを感じている。

④ 兄の粗暴な振る舞いに対する怒りに再びつき動かされ、仕返しをしようとしても叔母への告げ口しか思いつかない無力感に苦しんでいる。

⑤ 兄の過ちを正面から諭さなかったことを後悔し、自分の行動の意図が兄はもちろん叔母にも理解されないだろうという失望感に襲われている。

問3 傍線部B「私達はお互に深い吐息をついたり、相手をとがめるような瞳をむけあったりしたのである。」に至るまでの二人のやりとりの説明として最も適当なものを、次の①

〜⑤のうちから一つ選べ。

① 私は、幼い時から好んでいるたま虫が邪険にされたことを悲しみ、恋人の優しさに疑いを抱いて発言しているが、恋人は、自分よりもたま虫を大切に扱うかのような私の態度に驚き悲しんでおり、互いに不信感を持ち、うらめしいような気持ちになっている。

② 私は、悲しい体験を思い出させるたま虫が恋人との密会時に現れたことにとまどい、過去の経験にとらわれているが、恋人は、たま虫を私のコートにとまった虫としてはじき落としたのにその配慮に気づかない私に失望し、互いに相手を理解できない気持ちになっている。

③ 私は、肩に置いた手をたま虫を口実にして恋人に振り払われたと考え、ショックを受けているが、恋人は、その私をなだめようとしたのに私がよそよそしい態度をとり続けているので意外に思い、互いに相手の態度にとまどい、責めるような気持ちになっている。

④ 私は、幸福のシンボルとしてのたま虫が恋人との密会時に現れたので気持ちを高ぶらせ、それを恋人に伝えようとしているが、恋人は、私がいったん肩に手を置きながらたま虫に気をとられたことに傷ついており、互いの言葉が通じないことに苛立《いらだ》つ気持ちになっている。

⑤ 私は、突然現れた美しいたま虫を無慈悲に扱われたことに驚き、恋人を責めるような発言をしているが、恋人は、大切な二人の時間を邪魔したたま虫をはじき落としたのに相手が理解してくれないと思い、互いに落胆し、非難するような気持ちになっている。

問4　傍線部C「硝子にうつる私の顔は、泣き顔に見えた。」とあるが、なぜそう見えたのか。その理由として最も適当なものを、次の①〜⑤のうちから一つ選べ。

① 飾り看板を眺め入っていただけのところを写真に撮られて、警察に疑いをかけられてしまった自分の立場を意識するあまり、思いがけず見つけたたま虫を摑まえることまでためらってしまう自分に情けなさを感じているから。

② 美しいたま虫を見つけたにもかかわらず、貧乏で社会的にも不安定な立場にあるとの理由で警察に疑いをかけられてしまう可能性があるため、たま虫を摑まえたいという長年の希望をかなえられない自分に悔しさを感じているから。

③ たま虫を摑まえようとしていたために警察に誤解されたのだと気がついたが、今おかれている立場ではそれを説明しても誤解は解けないと予想して、たま虫に手をのばすことができない自分に無力さを感じているから。

④ 自分が写真に撮られた理由を確認するという目的があって来たのにもかかわらず、警察に疑われている立場を忘れて突然現れたたま虫の美しさに心を奪われ、ながいあいだたま虫を眺めている自分にふがいなさを感じているから。

⑤ 警察に注意人物とみなされ出頭を命じられるという困難な状況に追い込まれている立場を意識するあまり、以前から好きだったたま虫を偶然に発見しても、その美しさを感じる余裕を持てない自分に寂しさを感じているから。

問5　傍線部D「私は人を押しのけはしないのだと心のなかで思いながら、実は少しばかり人を押しのけながら割り込む必要を覚えた。」とあるが、この時の私の考えはどのようなものか。その説明として最も適当なものを、次の①〜⑤のうちから一つ選べ。

① 自分と他人の幸福を比較しても仕方がないと知っているので、他人以上に幸せになろうとしたり、他人の幸福を妨げたりはするまいと思いながら、世の中で自分の幸せを見つけるためには、何か行動を起こして他人とぶつかる必要もあると気づきはじめている。

② 自分の出世のために他人を踏み台にしてもどうしようもないと知っているので、自分に有利な状況を作るようなことはしたくないと思いながら、自分の態度をわずかながら変化させることで、周囲とのより良い関係を保てるという可能性に気づきはじめている。

③ 自分自身は弱い人間だと知っているので、反抗せずに負けて不愉快な状況になるのは仕方がないとあきらめ、人に対して強く自己主張はするまいと思いながら、社会の中で生きていくためには、自分の立場も守らなければならないことに気づきはじめている。

④ 自分は正当な助言や指導を与えられれば素直に従う性格だと知っているので、他人の言葉を受け入れて自らの行動を決めようと思いながら、他人の言葉の裏には自分を支配したい欲求もあるのだから、時にはそれをはねのけた方がよいとも気づきはじめている。

⑤ 自分よりも強い相手には逆らわないようにするのが無難だと知っているので、あらかじめ自分の限界を決めて新しいことには踏みきるまいと思いながら、人々と共に生

きるためには相手の気持ちに配慮しつつ、自分の望む形を通すことも大切であると気づきはじめている。

問6　この文章における表現の特徴の説明として適当なものを、次の①〜⑥のうちから二つ選べ。ただし、解答の順序は問わない。

①　過去の回想として描かれた各部分の内部は、まず語り手が出来事の概略を述べ、次に登場人物の私に寄り添ってその視点からそれぞれの出来事を主観的に語るという手法をとっている。

②　20行目以降は、小学生時代、大学生時代、無職時代、校正係時代における私の「悲しいとき」の状況を、羽根の色が幸福のシンボルとされるたま虫との関わりを通して描くという構成になっている。

③　180行目の「私はゲラ刷りの綴針をぬきとって、彼を標本みたいに電信柱にとめつけた」という描写には比喩《ひゆ》表現が用いられていて、たま虫に自分自身の境遇を投影する私の心境が効果的に描き出されている。

④　182行目と183行目で「生きているように」と繰り返すことで、死んだように生きていると感じている私と比べ、より生き生きとして見えるたま虫の様子を明示的に表している。

⑤　191行目からの最終場面で四回繰り返して述べられている「水をのむ」ことは、たま虫が粉末になったことと対比されていて、たま虫の乾いた死を引き合いに出して、みずみずしさを保っている私の生を強調している。

⑥　幸福についての私の考え方の変化を、196行目からの「たま虫のことを忘れて」「醜悪な粉末となっているのを発見し」「その粉末を窓の外にふきとばした」という一連

の描写を通して象徴的に表現している。

この小説は四つのエピソードからなっている。一つは兄と喧嘩したこと、二つは恋人とのちょっとした気持ちの行き違い、三つは警察に危険思想の持ち主だと疑われたこと、四つは就職してから死んだ「たま虫」にでくわしたことである。これらを物語としてうまくつなげるのは至難の業だ。**物語パターン化能力**は設問ごとに使うしかない。この問題の設問では**情報整理能力**と**翻訳能力**による消去法だけが頼りである。

設問はそれぞれのエピソードについて一つずつ設けられている。いいポイントを突いていると思う。全体としては「「私」がたま虫を自分の分身だと覚る物語」とまとめられるが、ここには「小市民的感性」はあっても「道徳」がないから、これでは設問を解くための役にはたたない。ここには文学だけがある。それをいかに文学にしないで問うのか、それにいかに対応するのか。僕にとっても面白い問題になりそうだ。

問1　(ア)これは「嘲笑」が選択肢後半の「心の底から見下した」に対応しているので、①を「正解」として選ぶ。何を「浅慮」とするかはケースバイケースだろうが、ここは落書きをとうてい相手には見えないところに書いたのにそれで仕返しができたと思った兄の「短絡」を「浅慮」と解釈している。これは単なる翻訳ではない。そこで、問1の設問にはいつも「本文における意味」と注記してあるわけだが、どうやらセンター試験の現代文では、問1にむしろ解釈を許しているケースもあるようだ。

(イ)は④で、(ウ)は③でいい。これには、解釈は施されていない。

問2　これは、選択肢の末尾が傍線部Aの「悲しさ」を、できるだけ解釈を加えないで翻訳しているものを「正解」とすればいい。①「寂しさ」、②「恐怖」、③「憤り」、④「無力感」、⑤「失望感」。こうして並べてみれば、①「寂しさ」が「悲しさ」に一番近く、解釈の度合いが低いことがわかる。「正解」は①でいい。改めて確認すれば、**選択肢の末尾を検討するだけで「正解」が割り出せることがある**のがセンター国語の小説問題なのである。

これで終わってもいいのだが、例によって念のため**情報整理能力**と**翻訳能力**を使っておこう。

②の「臆病さ」は翻訳として許容の範囲だと思うが、後半に過度な解釈が入っている。③も「情けなさ」は翻訳として許容の範囲だと思うが、後半に過度な解釈が入っている。④は

「怒り」が翻訳として適切でないし、後半も事実とちがっている。⑤の後半はもしかしたら翻訳として許容の範囲かもしれないと思うが、前半が見当ちがいである。

問3 設問は「二人のやりとりの説明として」とあるが、選択肢を見れば、この設問が二人の「心情」を問うものであることは明らかだ。例によって**選択肢の末尾を検討するだけで「正解」が割り出せることがある**という法則を使って、傍線部Bの「深い吐息」と「とがめるような瞳」に対応する選択肢、すなわちこれらを**翻訳**している選択肢を絞り込もう。

①「うらめしいような気持ち」、②「互いに相手を理解できない気持ち」、③「責めるような気持ち」、④「苛立つ気持ち」、⑤「非難するような気持ち」。この中には「深い吐息」に対応する選択肢はないが、「とがめるような瞳」を**翻訳**しているのは③と⑤しかないことがわかる。「正解」はこのどちらかだろう。

③は「肩に置いた手をたま虫を口実にして恋人に振り払われたと考え」に解釈が入っている。「私」がそう考えた可能性はあるが、それは解釈の産物である。それに「私」が「ショックを受けた」のは、彼にとっては大切なたま虫を恋人が弾き落としてしまったからであって、「肩に置いた手をたま虫を口実にして恋人に振り払われた」からではない。

⑤は後半の「恋人は、大切な二人の時間を邪魔したたま虫をはじき落としたのに相手が理解してくれないと思い」のところに解釈が入っている。③に明らかなまちがいが仕込んである以上、「正解」は⑤とするしかない。センター試験の小説問題では**解釈した選択肢は「不正解」**という法則が働いていると書いたが、どうやら修正が必要なようだ。この年の出題者は、解釈を許容しているからだ。つまり、少しだけ文学になっているのだ。

そこで**過度に解釈した選択肢は「不正解」**という程度にしておこう。ただし正確に言えば、**解釈を許容しない出題者と解釈を許容する出題者がいるから、その年の出題者がどちらかを早めに見極めよう**ということになる。したがって、選択肢の水準については一貫した対策は立てにくい。それよりもいま言ったように、**その年の選択肢の水準を早く見抜く訓練をしておいた方がいい**。これはとても重要なことだ。

もっとも、**翻訳**を頼りにした方法で選択肢を二つまでには絞り込めた。出題者としては、**どちらかに明らかなまちがいを仕込まなければ「正解」は一つに絞れない**ことになる。これは覚えておこう。

これで終わってもいいのだが、例によって念のため**情報整理能力**と**翻訳能力**を使っておこう。①は「幼い時から好んでいるたま虫」がまちがい。冒頭の「おそらく私ほど幾度も悲しいときにだけ、たま虫を見たことのある人はあるまいと思う」と食いちがっている。②は「悲しい体験を思い出させるたま虫」がまちがい。79行目に「急にはその名前を思い出せないほどの美しい一ぴきの昆虫」とあるのと、食いちがう。④は「幸福のシンボルとしてのたま虫」が①と同じ理由でまちがい。①と④には肯定的な意味で「たま虫」が使われていて、**同じキーワードが使われている選択肢が複数ある場合にはどちらかが「正解」である場合が多いが、ときおりどちらも「正解」でない場合がある**という法則の後者の例なので、はやめに判断できる。

問4　設問は「なぜそう見えたのか」と「理由」を聞いているが、選択肢を見れば、この設問も「私」の「心情」を問うていることがわかる。この手の設問には**情報整理能力**と**翻訳能力**を使うのが常道だが、少しでも時間を節約するために、例によって選択肢末尾だけを**小市民的感情力**を使って絞り込んでおこう。

①「情けなさを感じているから」、②「悔しさを感じているから」、③「無力さを感じているから」、④「ふがいなさを感じているから」、⑤「寂しさを感じているから」。ここは傍線部Cの直後を参照すれば、文脈としては「ああ、また悲しいときにこんなに美しいたま虫に

出くわしてしまった……」というような感じだから、②③④⑤はふさわしくないようだ。残るは①だけだから、おそらくこれが「正解」だろう。

これで終わってもいいのだが、例によって念のため**情報整理能力**と**翻訳能力**を使っておこう。これは決まり文句だが、この選択肢には**情報整理能力**だけで十分のようだ。

②は「警察に疑いをかけられてしまう可能性があるため」がまちがい。もう疑いはかけられてしまっている。③は「たま虫を摑まえようとしていたために警察に誤解されたのだと気がついたが」がまちがい。警察が「誤解」したのは「私」がたま虫を摑まえようとする前のことだ。④は「警察に疑われている立場を忘れて」がまちがい。それを忘れていないから「私」はたま虫を摑まえられなかったのである。⑤は「その美しさを感じる余裕を持てない」が微妙にまちがい。この時、「私」はたま虫を美しいと感じたからこそ、たま虫を見る姿勢のまま固まってしまったのだ。この⑤には少しだけ解釈が入っている。したがって、唯一有効なダミーだと言えるが、選択肢の末尾の「寂しさを感じているから」がこの場面にふさわしくないので、合わせ技で一本というところだろうか。

問5　これも設問には「私の考えはどのようなものか」とあるが、実質的には「心情」を問うていると見なしていい。

選択肢は解釈バリバリで困惑するが、すべて「Aを知っているから、Bと思いながら、Cに気づきはじめている」という構文になっていることに注意したい。したがって、AはBの根拠でなければならない。そして、このような思考の経過を経て得られたこの時の「私」の考えはCでなければならない。

このように把握すると、問題文に確実に書かれているのはAだとわかる。そうでなければ、Aを根拠として導かれるBもCも問題文から離れてしまうからである。そこで時間の節約のためには、Aの部分だけ検討すればいいことになる。使うのは**情報整理能力**と**翻訳能力**だが、この設問ではそれもほとんど働かせなくていい。

選択肢をざっと見て、③の「自分自身は弱い人間だと知っているので」が、問題文の「俺は弱いな?」(164行目)そのままだとすぐわかる。これでおしまい。③の全文を読んで違和感がなければ、「正解」は③としていいはずだ。

毎度のことながら、念のため**情報整理能力**と**翻訳能力**を使っておこう。ただ、選択肢のはじめだけを検討するのだから、退屈な作業だ。

①は「自分と他人の不幸を比較しても仕方がない」がまちがい。「私」はこういう「比較」

はしていない。②は「自分の出世のために他人を踏み台にしてもどうしようもない」がまちがい。「私」はそんなことは考えてはいない。④は「自分は正当な助言や指導を与えられれば素直に従う性格」がまちがい。そういうことは書いてない。⑤は「自分よりも強い相手には逆らわないようにするのが無難」がまちがい。「私」が松本清太郎に「反抗しなかった」（162行目）のは、「自分が喧嘩に弱いと信じていた」（160行目）からであって、このように達観していたからだとは書いてない。

こういう選択肢を評して、「大人」は「苦心しましたねえ」と、言外に「苦心の甲斐《かい》がなかったね」という意味を滲《にじ》ませた社交辞令を言うことになっているようだが、僕はこれが苦手だ。つい「無意味に長いだけで、だめじゃん」と言ってしまう。

この設問で学んだのは、**長い選択肢の場合は、選択肢のどの部分が問題文と対応するのかを見極めることができれば、「正解」は短時間で求められる**ということだ。その意味では、レッスンにはいい選択肢だった。これはあからさまな皮肉かな。

問6　センター試験の小説問題にお決まりの設問。これは消去法を使う以外に手はない。例によって決定的なまちがいを含む選択肢を選び出せばいいのである。

①は、文学研究に詳しいと、かえって迷うかもしれない。

これは一人称小説なのだから〈語り手＝私〉である。したがって、「まず語り手が出来事の概略を述べ」の「語り手」に「私」を代入してもいいことになる。だから、ここはまちがいではない。ところが、選択肢の後半になって「次に登場人物の私に寄り添って」とある。この主語は「語り手」である。

だとすれば、この選択肢は〈語り手≠私〉と理解していることになる。「語り手」は「私」とは別に存在することになる。そうなると、先の「まず語り手が出来事の概略を述べ」の「語り手」に「私」は代入できない。単純に考えれば、だから①はまちがいと判断できる。

しかし文学研究では、たとえ一人称小説であっても「語り手」は「私」とは別に存在すると考える立場もある。もしそう考えなければ、説明できない事例がたくさん出てきてしまうからである。

たとえば、太宰治『人間失格』に「彼を殺そうという気だけは起りませんでした」という文がある。これは一人称で書かれた「手記」である。よく考えれば、不思議な文なのだ。人は「殺そうという気」がまったくない状態で「彼を殺そうという気だけは起りませんでした」と書けるものだろうか。「殺そう」という考えが視野にあって、はじめて「彼を殺そうという気だけは起りませんでした」という文が書けるのだ。

したがって、『人間失格』においては「私」とは別に「語り手」が存在すると考えなければならないのである。先の文は「「私」の視点から語り手が語っている文」と説明できる。一般に、「私」の知らないことや、思ってもいないことを書くこういう否定形の文は、「私」とは別に「語り手」を想定しないかぎり成立し得ない。

ここまでの知識があると、迷ってしまうかもしれない。しかし、この選択肢でいう「まず語り手が出来事の概略を述べ」は、「語り手」が「私」とは別の視点から語っていると述べている。すなわち、「語り手の視点から語り手が語っている文」となってしまう。もちろん、一人称小説にもこういう文はいくらでもある。しかし、この『たま虫』はそうなっていない。あくまで「私」が語る体裁を採っている。したがって、まちがいと判断していい。知識のある受験生を迷わせてはいけない。

②は特にまちがいを含んではいないから「正解」である。ちなみに、「幸福のシンボルとされるたま虫」とあるが、先に問3の④を「幸福のシンボルとしてのたま虫」とあるからまちがいとした。ちがいは、こちらの②が「幸福のシンボルとされるたま虫」となっている点だ。これは一般的にはたま虫は「幸福のシンボル」なのだが、「私」にとってはむしろ「悲

しみのシンボル」となってしまっているというニュアンスを出している。それがこの小説のテーマでもあるのだから、この微妙なちがいには注目しておきたい。

「幸福のシンボルとしてのたま虫」と「幸福のシンボルとされるたま虫」。ここには**同じキーワードが使われている選択肢が複数ある場合にはどちらかが「正解」である場合が多いが、ときおりどちらも「正解」でない場合がある**という法則が働いている。選択肢が離れているから**そのどちらかが「正解」**となったのである。出題者がまた尻尾を出したようだ。

③は特にまちがいを含んでいないから「正解」である。ただし、この選択肢では「描写」という文学研究上の専門用語がまちがって使われている。ここは「記述」でなければならない。「木の葉が赤く染まっていい、る」は木の葉の状態だから「描写」で、「木の葉が赤く染まっていく」は木の葉が赤くなっていく時間を書いているから「記述」である。つまり、その表現において物語の時間が進まないのが「描写」で、時間が進むのは「記述」なのである。この専門用語は、中学入試でもトップ校ならばきちんと守って使われている。この出題者には文学研究の素養が欠けている。

④は「死んだように生きていると感じている私」も「より生き生きとして見えるたま虫」も過剰解釈である。⑤は「みずみずしさを保っている私」がまちがい。むしろ、「私」はひ

からびている。「みずみずしさを求めている」くらいだろうか。⑥は「幸福についての私の考え方の変化」が問題文の「私の不幸の濃度を一ぴきずつの昆虫が計ってみせてくれる」（202行目）と矛盾するからまちがい。それにしても、また「描写」か……。

選択肢①といい、この「描写」といい、この問題の出題者は文学理論の心得がないことがわかる。そういう人にセンター試験の現代文を作成してもらっては困る。こういう無惨なことになるから。

これでセンター試験の小説問題のレッスンは終わりだ。作問の法則はわかってもらえただろうか。この法則は、すべて選択肢問題という制約から来るものである。選択肢問題にしたからセンター試験の現代文で小説問題が出題できるのだが、それは文学にとってまっとうなことかどうか。国公立大学の二次試験のように記述式で出題するのならば、受験生の不幸と文学の不幸はずいぶんちがったものになると思う。

第2章

二項対立と消去法を組み合わせよう
――センター試験の評論問題

◆二項対立で考えること

センター試験の評論問題は、さほどむずかしくはない。だから評論問題で一つでも落とすと厳しい。全問正解が基本である。

ただし、二〇一三年の小林秀雄は別にして、いわゆる現代思想で「問題」となっているテーマに触れた問題文が選ばれる傾向があるから、それらを「教養」として知っておかないと、なにがポイントなのかがよくわからない場合がある。たとえば、二〇一四年の漢字に関する評論などはその好例だろう。

その意味では三題では足りないのだが、現代思想でも特に「問題」となっているテーマに関する問題を選んでおいた。現代思想で何が「問題」となっているかは自分でアンテナを立てておくのが一番だが、受験生ではそれはむずかしいかもしれない。評論のアンソロジーなども多いから、それらを選んで読んでおくといい。もっとも、いまだに中村雄二郎だの山崎正和だのを中心に取り上げているようなものはもう古いから、新しい人の文章を積極的に取り上げているものがいい。

評論問題の解き方を確認しておこう。以下の三つだった。

①書いてあることを過不足なくまとめること＝**情報整理能力**
②書いてあることを別の言葉に言い換えること＝**翻訳能力**
③二項対立にそって論述されている道筋を整理すること＝**二項対立参照能力**

①と②は小説問題で十分慣れたと思うので、③について改めて解説しておくために、自己と他者という二項対立を例に考えてみよう。

僕たちは自分を自己として感じているし、自己として認識してもいる。その感覚を突き詰めていくと、**他者との関係を一切排除した純粋な自己**という概念を得ることができる。それはこういうことだ。

僕たちはいろいろな役割というか、関係の中にいる。学校では生徒だし、家では兄や妹かもしれない。親戚の中では甥《おい》かもしれないし、従妹かも知れない。クラスの中では友人であり、もしかしたら恋人かもしれない。そういう社会的な関係の網の目の中に僕たちがいる。

しかし、そういう関係の中にいる自分は、どこかちょっと無理をして相手に合わせていると感じるときがある。友人の言ったギャグがイマイチなのだけれども、傷つけないように笑ってあげようとか。つまり、僕たちは相手に合わせて自分を変えているのだ。そういうときに、僕たちは自分が小さな嘘《うそ》をついたような感覚にとらわれることがある。

そこで、そういう自分を「嘘の自分」として切り捨ててしまおうとする。純粋な自己だけを自分とするためだ。そうなると、ラッキョウの皮むきになる。他人と関わった自分を「汚れた自分」として、ラッキョウの皮をむくように一枚一枚剝《は》がしていく。そうして、最後に残った芯のみが純粋な自分というわけだ。

そういう**一切の不純物を含まない自己を、自己の極限という意味で、哲学上は実存的自己という**。フランスの哲学者サルトルが唱えた考え方だ。第二次世界大戦を経験した哲学者が、戦争で何が奪われたのかを考えたときに出てきたのが、実存的自己だった。自己の尊厳というような概念と通じるものがある。

実存主義哲学と言えばフランスの哲学者サルトルだが、実存主義文学と言えばフランスの作家カミュだろう。『異邦人』である。少し前にこれがみすず書房の「理想の教室」というシリーズに入って、部分的だが新訳になった。

しかも、そのシリーズでは『異邦人』というタイトルを『よそもの』と訳している。ついでに言えば、同じシリーズに入ったサルトルの小説『嘔吐《おうと》』は『むかつき』である。いかにもいま風でわかりがいい。

『異邦人』はなぜ実存主義文学の代表作と言われるのだろうか。『異邦人』の主人公ムルソーはピストルでアラビア人を射殺してしまうが、それを裁く法廷で動機を聞かれると「それは太陽のせいだ」と答える。つまり、殺人という重大な犯罪を犯したにもかかわらず、その動機はムルソーの内面にはないのだ。

自分でも「滑稽だ」とは思いつつも、「太陽がまぶしかった」という偶然が殺したのだと彼は主張するのである。行為と内面が対応していないのだ。つまり、原因（社会的な出来事）と結果（動機）が対応していないのだ。

その結果、ムルソーは殺人の動機を他人にも自分にも納得できるようには説明できない。自分自身に対してさえ自分を説明する言葉を持てないのだから、自己は空虚ということだ。言い換えれば、自分が自分にとっても「よそもの」だということだ。これが『よそもの』のテーマである。

これがまさに実存主義哲学がたどり着いた自己の空虚の感覚そのものである。付け加えれば、サルトルの『嘔吐』も「むかつき」という否定的な感覚にしか自分を感じられない主人公を描いて、実存的感覚をみごとに小説化してみせた。

こういう純粋な自己が本当の自己だとしよう。そうすると、他者に合わせる自己は嘘の自己になる。しかし、僕たちは一人で生きているわけではない。それに、ラッキョウには芯はない。皮むきをしたら、何も残らない。ラッキョウは皮がラッキョウだからだ。だとすれば、純粋な自己は現実には存在し得ないことになる。

そこで、**他者と関わってその時々に変わっていく自己をすべて自己として引き受けよう**とする立場が現れた。複数の自己をすべて自己として認めようというのだ。それらの総体が本物の自己というわけだ。**純粋なたった一つの自己ではなく、複数の自己を「自己」として認めること**、これが現代思想のトレンドである。

この考え方をさらに推し進めると、**自己とは他者という鏡に映る自分のことである**という概念にまで行き着く。たとえば僕は、仕事の依頼はあまり断らない。それは、他者が僕に依頼しようと考えた僕の像が、社会の中の僕ではないかと感じているからだ。

しかし一方で、学内などでは派閥に属することなどはしない。相手が誰《だれ》であれ、案件ごとに僕が信じ、考えることを言うだけだ。これは僕という純粋な自己を信じている感覚に近い。

要するに、僕は**他者との関係を一切排除した純粋な自己**と、**自己とは他者という鏡に映る自分のことである**という、自己に関する両極にある概念を平気で一人の自分として生きていることになる。僕は、かなりいい加減な人間なのかもしれない。

それに、こう考えることもできる。他者を対立項として持たない自己は純粋なだけにとても不安定だ。しかも他者を認めないのだから、社会から孤立している。たとえば、無人島で生まれた人間が自己という概念を持ったようなものだろうか。

一方、他者という対立のこちら側に自己を感じる場合、その自己は他者を通して社会に触れていると言える。これを**社会化された自己**と言っていいかもしれない。君たちはこうした自己概念のどのあたりを自己と感じるだろうか。少しだけ心の中を覗《のぞ》いてみてほしい。ただし、健康のためにはあまり真剣にやらないように。

ここまで確認したら、実際にセンター試験の評論問題を解いてみよう。

◆自己は「あいだ」にある――木村敏「境界としての自己」　難易度☆☆☆☆

二〇一二年一月に実施されたセンター試験の評論問題である。

木村敏は、長年にわたって「自己とは「あいだ」である」ということを主張し続けてきた精神医学者である。いまこの問題について書いたが、まさに自己とは他者との「あいだ」にあると言うのである。これを知っていると、ずいぶん解きやすいはずだ。

それから、「自己とは他者との「あいだ」にある」とは、**自己と他者とを二項対立で思考するその思考方法への異議申し立てなのだが、そういう思考も自己と他者という二項対立の論理で書かなければならない**ことに注意しておいてほしい。だから、評論問題には**二項対立参照能力**が必要だというのだ。

第1問　次の文章を読んで、後の問い（**問1〜6**）に答えよ。（配点　50）

人間だけでなくすべての生きものは、その環境との境界面で、環境との最適な接触を維持することによって生命を保持している。子孫を残すために配偶者を見いだして生殖や子育ての行動を行い、寒暑や風雨を避けるために住居を確保したり居住地を変えたりし、敵から逃避したり競争相手を(ア)クチクしたりするのも、生物一般の生命維持の目的に沿ったものである。しかしなんといっても生きものがその環境から栄養を(イ)セッシュする食行動が、環境との境界における生命維持のもっとも基本的な営為であることは、異論のないところだろう。

生きものがその生命維持の行動を遂行するのは、いうまでもなく個々の個体としてである。各個体はそれぞれ固有の環境との接点で、ときには同種他個体との協力によって、またときには同種他個体や異種個体との競合関係のなかで、自己自身の生存を求めて行動する。その場合、Aある個体と関係をもつ他の個体たちもやはり当の個体の環境を構成する要件となることはいうまでもないし、さらには当の個体自身の諸条件――たとえば空腹や疲労の程度、性的欲求、運動や感覚の能力など――も「内部環境」という意味で環境側の要件に加わってくる。そう考えると、個体と環境の接点あるいは境界というのがなにを指しているのかを一義的に確定するのはかなり困難なことになる。なによりもまず、個体自身を構成している諸条件がすべて環境ともみなされることになるなら、「個体」とはそもそもなにを指しているのだろう。ここでいわれる境界の「向こう側」にあるのが環境であるのはよいとして、同じこの境界の「こちら側」にはいったいなにがあるのだろう。そこに単純に個体あるいはその有機体をおくことはできそうもない。

　複数の個体の場合はどうか。話を簡単にするために、互いに協力関係にある二人の人間、たとえば夫婦の場合を考えてみる。夫婦であっても、それぞれが自分自身の固有の世界を生きている独立の個人どうしであることに変わりはない。私は私の子ども時代以来の経験と記憶が集積したいまの現在を生きているし、私の妻も同じことだ。これを単純に同化したり、いわんや交換したりすることはできない。しかしどんな夫婦でも結婚以来の、これまた他の夫婦とは根本的に違った、二人だけの共同の歴史をもっている。そしてそれによって、何かの事態に対して、とくに口に出して相談しなくても、無意識のうちにひとつのまとまった行動をとるシュ(ウ)ウカンがついている。そのかぎりでは、夫婦をひとまとめにして一個の「個体」とみなしても差し支えない。それと同じことが家族全体とか、長年つきあっている友だちのあいだとか、共通の利害関係で結ばれたグループとかについてもいえるだろう。人間以外の動物の場合、たとえば魚や鳥の群、整然とした社会を作っている昆虫などについては、群全体がひとつの個体のように行動するということの傾向がいっそうはっきりしている。

　つまりこのような集団の場合でも、それがまとまった行動をとるのはやはり個体に準じて考えられる集団全体の存続という目的がそこにあるので、個体が生存を維持しようとする場合と同じように、環境との境界面で最適の接触を求めているといってよい。そしてここでもやはり、この境界の「こちら側」に単純に集団全体というようなものをおくことはできない。第一、個体の場合と違って集団には環境とのあいだの物理的な境界線などというものがすでに存在しないのだし、集団を構成している複数の個体のそれぞれが集団全体にとっての重要な内部環境になっていることを考えてみても、ことはけっして簡単でないことがわかるだろう。集団を構成している各個体の行動は、けっして集団全体の行動に同化しつくされることなく、個体それぞれの個別的な欲求に対応してもいる。それぞれの個体がそれぞれの環境との境界面で独自の生命維持行動を営みながら、しかも全体としては集団の統一的な行動が保たれている。個別行動が全体の統制を破壊するような事態は、まず起こらない。

　生物の個体とか、個体に準じて考えられる集団とかについて、それと環境との境界面における生命維持の営みがB思いもかけぬ複雑な構造をもっていることは右に見たとおりなのだが、これがそれぞれに確固とした自己意識を持っている人間集団の場合となると、その複雑さも飛躍的に増大する。たとえば家族の場合、外部環境との接触面では比較的まとまった行動を示す家族でも、家族の内部では個人個人の自己意識と自己主張が動物の場合とは比較にならぬほど強く表面に出る。個人の個別的な行動が家族全体のまとまりを破壊するような場合もけっして稀《まれ》ではない。ここでは、人間以外の生物には出てこないような「私」と私以外の「他者たち」との対決が、集団としての家族のまとまりよりも明らかに優位に立っている。それと同じことが家族以外でも人間集団のあらゆる場面で見られることについては、いちいち例を挙げるまでもないだろう。

　自己意識がどのような経緯で人間に備わったものなのか、それにはさまざまな仮説が可能だろう。しかしいずれにしても、それが「進化」のひとつの産物であることは間違いない。進化の産物だということは、生存の目的にかなっているということである。自己意識を身につけることによって、人間は環境との(エ)セッショウの中で新たな戦略を手に入れた。ところが、元来は生存に有利であるはずの自己意識が、同じく生存を目的としているはずの集団行動と、ときには真っ向から対立することになる。ここにC生物としての人間の、最大の悲劇が潜んでいるのだろう。自己意識という人間の尊厳に、それ本来の意味を取り戻させるためにはどうすればよいのか。

「私」の自己意識は単なる個体の個別性の意識ではない。個体のそれぞれが自分は他の個体と別個の存在だということを認知する程度の意識なら、おそらく他の多くの動物にも備わっているだろう。明確な個体識別能力を持っている動物は少なくないし、他個体の個体識別と自己認知とは同じ一つの認知機能の両面である。それとは違って、人間は自分自身をほかならぬ「私」として意識し、この一人称代名詞で言表(注1)される存在に、他のすべての個体とは絶対的に別次元の――他のもろもろの個体間の差異とは絶対的に異質の特異な差異でもって他者から区別される――唯一無二の存在という特権的な意味を与えている。「私」というのは、いわば等質空間内の一点ではなく、むしろ円の中心にたとえられるような、それ以外の一切の点と質的に異なった特異点である。

　このような「私」としての自己と他者たちとのあいだにも、精神分析のいう「自我境界」という形での境界線を考えることはできる。ふつうにいわれる「自他関係」とは、この境界線上でかわされる心理的な関係ということだろう。そこではやはり境界をはさんだ二つの領域が想定されていて、他者は外部世界に、自己は内部世界におかれることになる。Dしかしそのようなイメージは、特異点としての「私」という自己を考える場合には適切でない。「私」が円の中心だとするならば、私以外のすべての他者は中心の外にいることになる。「私」自身ですら、これを意識したとたんに中心から外へ押し出される。しかし中心には内部というものがない。あるいは中心それ自身を「内部」と見るなら、中心は「内」と「外」の境界それ自身だということになる。「私」と他者との関係もそれと同じで、「私」は「内」でありながら「内」と「外」の境界それ自身でもあるという非合理な位置を占めている。「私」とは、実は「自我境界」そのもののことだといっていい。

　等質空間に引かれた境界線と違って、生命空間における個体と環境の境界は、その「こちら側」にあるはずの「内部」をもたない。同じことを別の言い方でいうなら、生きものそれ自身とそれ自身でないものとの境界そのものとして、この境界を生きている。この自己と他者の「境界」を、生きるだけでなくはっきり意識するところに、人間的な自己意識が生まれる。そしてこのことは個々の個体だけでなく、集団全体についても同じように言える。人間の場合、「私」だけでなく「われわれ」もやはり他者との境界を生き、そしてそれを意識している。

生命の営みは、これを物理空間に投影してみると、すべて境界という形をとるのではないか。逆に言って、われわれの周りの世界にあるすべての境界には——空間的な境界も時間的な境界も含めて——そこにつねに定かならぬ生命の気配が感じられるといっていい。この気配こそ、境界というものを合理的に説明し(オ)ツくせない不思議な場所にしているものなのだろう。境界とはまだ形をとらない生命の——ニーチェ(注2)の言葉を借りれば「力への意志」の——住みかなのではないか。

（木《き》村敏《むらびん》「境界としての自己」による）

（注）
1　言表——言語によってなされた表現。
2　ニーチェ——フリードリヒ・ニーチェ。ドイツの哲学者（一八四四〜一九〇〇）。

問1　傍線部(ア)〜(オ)の漢字と同じ漢字を含むものを、次の各群の①〜⑤のうちから、それぞれ一つずつ選べ。

(ア)　チク
①　資料をチクセキする
②　ボクチク業を始める
③　経過をチクジ報告する
④　彼とはチクバの友だ
⑤　独自の理論をコウチクする

(イ)　セッシュ
①　セツレツな文章
②　自然のセツリに従う
③　試合に勝ってセツジョクを果たす
④　訪問者にオウセツする
⑤　クッセツした思いをいだく

(ウ)　シュウカン
①　勝利にカンキする
②　国境線をカンシする

③　けが人をカンゴする
④　血液のジュンカン
⑤　今までのカンレイに従う
(エ)セッショウ
①　依頼をショウダクする
②　事実をショウサイに調べる
③　意見がショウトツする
④　外国とコウショウする
⑤　作業工程のショウリョク化をはかる
(オ)ツくせない
①　ジンソクに対処する
②　テキジンに攻め入る
③　損害はジンダイだ
④　ジンジョウな方法では解決しない
⑤　地域の発展にジンリョクする

問2　傍線部A「ある個体と関係をもつ他の個体たちもやはり当の個体の環境を構成する要件となる」とあるが、それはどういうことか。その説明として最も適当なものを、次の①〜⑤のうちから一つ選べ。

①　ある個体にとって、種の存続を担う子孫のような存在に加え、配偶者をめぐって競い合う他の個体もまた環境の一部となること。
②　ある個体にとって、食物をめぐる争いの相手に加え、協調して生活をしていく異種の個体もまた環境の一部となること。
③　ある個体にとって、空腹や疲労のような生理現象に加え、生息圏に生い茂るさまざまな植物などもまた環境の一部となること。
④　ある個体にとって、気象のような自然現象に加え、食行動などの場面で交わる他の個体もまた環境の一部となること。
⑤　ある個体にとって、自らの生命維持に必要な自然の空間に加え、他の個体と暮らすための空間などもまた環境の一部となるこ

と。

問3　傍線部B「思いもかけぬ複雑な構造をもっている」とあるが、それはどういうことか。その説明として最も適当なものを、次の①～⑤のうちから一つ選べ。

①　外部環境に対して一個体のように見える集団であっても、その内部環境を構成する各個体は集団からの自立をはかることで個体としての存在を保っている。それゆえ、内部環境は緊張関係を常にはらんでいるということ。

②　外部環境に対して一個体のように見える集団であっても、生命維持の具体的な局面においては内部の個体相互の利害関係が表面化しやすい。そのため、実際には集団行動の統一性の内実が常に変容しているということ。

③　外部環境に対して一個体のように見える集団であっても、その内部環境を構成する各個体はそれぞれ自由に行動している。ただしそこでは、集団として常に最適な結果を生み出す調整がはかられるということ。

④　外部環境に対して一個体のように見える集団であっても、統制の破壊行動を起こす個体が内部に生じることもありうる。しかしながら、各集団の生命維持行動においておのずとその可能性は封じ込められるということ。

⑤　外部環境に対して一個体のように見える集団であっても、各個体は個々の欲求に基づいて活動している。それにもかかわらず、生命維持に必要な集団のまとまりは失われないということ。

問4　傍線部C「生物としての人間の、最大の悲劇」とあるが、それはどういうことか。その説明として最も適当なものを、次の①～⑤

のうちから一つ選べ。

① 人間は自己意識を備えることで、より環境に適した接触が可能になったが、場合によっては個体の意識と集団の目的とのあいだに矛盾が生じ、集団を崩壊に導くような事態や個体の存続を脅かす現実さえ招くようになるということ。

② 人間は自己意識を備えることで、他の生物には見られない強固な集団維持という目的を共有する社会を形成したが、場合によっては集団全体の統制を優先して、個体の欲求を抑圧する状況が生み出されるようになるということ。

③ 人間は自己意識を備えることで、より環境との調和をはかるようになったが、場合によっては生存競争において他の生物との対決能力が弱まり、種の存続が危ぶまれる可能性をも抱えるようになるということ。

④ 人間は自己意識を備えることで、他の生物から戦略的に身を守れるようになったが、場合によっては集団を防御する意識が過剰になり、集団間の利害をめぐって他の生物には見られない形の闘争が起こるようになるということ。

⑤ 人間は自己意識を備えることで、より有利な環境との接点を獲得したが、場合によっては環境に大きな変化をもたらし、自らの集団維持行動が脅かされるほどの深刻な事態に陥るようになるということ。

問5 傍線部Ｄ「しかしそのようなイメージは、特異点としての『私』という自己を考える場合には適切でない。」とあるが、筆者はどのような考えから適切でないと判断しているのか。その説明として最も適当なものを、次の①〜⑤のうちから一つ選べ。

① 人間の認知機能を他個体と自己とを識別

するものととらえる見方は、自己と他者とのあいだに引かれた絶対的な境界線の存在を前提にしているが、自己を円の中心のような存在であるとみなす場合、「私」の内部世界の意味が変わり境界は相対的なものになってしまうという考え。

② 世界の中での特異な自己の位置を定める精神分析的な「私」のとらえ方は、境界線を等質空間に設定することで安定的に成立するが、自己意識としての「私」は境界線上に位置しているので、必然的に他者に対して自らを特権化しすぎてしまうという考え。

③ 他者の属する外部世界との対立関係で自己をとらえる見方は、境界に隔てられた空間的な内部世界を想定しているが、絶対的な異質性をもつ「私」の自己意識は内部空間をもたない円の中心のようなものであり、むしろ他者との境界そのものにほかならないという考え。

④ 個体の外部に境界を設定して自己の絶対的な異質性を確立する「私」の世界のとらえ方は、特権的な一人称代名詞のはたらきによって強く支えられているが、他者も同様な言語のはたらきによって内部世界をとらえているとすると、境界は共有されることになってしまうという考え。

⑤ すべての他者を外部世界に置き自己を内部世界に押し込めるような「私」のとらえ方は、認知機能上の絶対的な境界線を想定するものであるが、当の内部世界にある自己意識は自らが空間的中心にあることを合理的に証明できないので、「私」はむしろ境界線上にあるといわざるをえないという考え。

問6 この文章の論の展開に関する説明として

最も適当なものを、次の①〜⑤のうちから一つ選べ。

① まず、環境との境界面における生命維持の営みについて、個々の個体の場合と複数の個体の場合との異なりを明らかにしている。つぎに、問題は集団と自己との関係性にあるとの指摘に及ぶ。最後に、人間の自己意識が自己と他者の境界にしか生まれえないとの結論づけを、生命の営みを物理空間に投影する方法によって立証している。

② まず、環境との境界面における生命維持の営みについて、群全体や家族全体という集団の場合を対象として考察している。つぎに、個の集団に対する関係がその複雑さを増大させている、との指摘に及ぶ。最後に、個々の個体だけでなく集団全体においてもともに他者との境界を生き、それを自己が意識している、との結論を検証している。

③ まず、すべての生きものが、その環境との境界面で、環境との最適な接触を維持することによって生命を保持している、との結論を明示している。つぎに、冒頭の結論を個体と集団との場合にあてはめて検証する。最後に、個体と環境との境界における生命の営みの観察を説明することから冒頭の結論へと再び立ち戻っている。

④ まず、環境との境界面における生命維持の営みについて、個体と集団それぞれの場合を対象として考察している。つぎに、他の生物に比して人間の場合は、自己意識の存在が集団と個体との関係を難しくしている、と指摘する。最後に、人間の自己意識は境界を意識するところに生まれ、そこに生命の営みがある、という結論に導いている。

⑤　まず、環境との境界面における生命維持の営みについて、その境界には何があるのかという問題を提示している。つぎに、その問題を一般化するために自己意識の存在に着目する。最後に、「私」をはじめ「われわれ」人間、さらにすべての生きものにおける生命の営みは、境界といわれる場でしか十全な形にはなりえない、と結論づけている。

木村敏の主張を知っていれば、要約文は「自己とは他者との「あいだ」にある」でいいのだが、この問題文に即してつくれば、「「私」とは自我境界である」とでもなるだろう。これは152行目にそう書いてある。

結論が本文にはっきり書いてあるのだから、この問題では結論について問われることはないと予測できる。結論を導くまでのプロセスを確認する設問が中心となるだろう。そのときに、論旨がぶれないようにするために、要約文が役に立つ。

論の展開は比較的単純で、〈人間以外の生きものは自己と集団では最終的には集団を優先するが、人間の場合は自己が優先されるときもある。そういうとき自己と他者の境界が意識されるし、さらには自分を意識したときには、意識された自分は意識する自己にとって「外部」となる。だとすれば、「私」＝自己とは他者との境界にあるのではないか〉とでもなる。

なお、この問題文で用いられている二項対立は〈個体／環境〉だが、これが〈自己／他者〉となることは、わかりやすいだろう。事実、128行目以降は〈自己／他者〉の二項対立で説明している。要約文は「「私」とは自我境界である」なのだから、もし「自己＝個体」と「他者＝環境」のどちらか一方に肩入れした選択肢はまちがいだと予測してから設問に臨むことができる。実際には、そう単純な選択肢はないのだが。

では、設問を検討してみよう。

問1 (ア)「駆逐」だから、①「蓄積」、②「牧畜」、③「逐次」、④「竹馬」、⑤「構築」となって、「正解」は③である。(イ)「摂取」だから、①「拙劣」、②「摂理」、③「雪辱」、④「応接」、⑤「屈折」となって、「正解」は②である。(ウ)「習慣」だから、①「歓喜」、②「監視」、③「看護」、④「循環」、⑤「慣例」となって、「正解」は⑤である。(エ)「折衝」だから、①「承諾」、②「詳細」、③「衝突」、④「交渉」、⑤「省力」となって、「正解」は③である。(オ)①は「尽くせない」だから、①「迅速」、②「敵陣」、③「甚大」、④「尋常」、⑤「尽力」となって、「正解」は⑤である。

問2　この設問にはほぼ**情報整理能力**だけあればいい。

選択肢がすべて「Xに加え、Yもまた環境の一部となること」という構文になっている。問題文の論旨から見て、Yには「他の個体」かそれと同義の言葉が来なければならないことがわかる。そう考えると、②と③はまちがいだとわかる。試験場では、残りの選択肢だけ点検すればいい。**選択肢の構文がすべて同じ時には、問題文と照らし合わせるポイントを早く見つけることが時間の節約になる。**

念のため、順に点検しておこう。

①は「ある個体」を「配偶者をめぐって競い合う他の個体」に限定したのが、まちがい。傍線部Aの「他の個体」とは、あらゆる個体のことである。これは、以下の選択肢にも関わる。②は「ある個体」を「異種の個体」に限定したのがまちがい。ここが「他の個体」となっていれば正解だった。選択肢の構文に気付かずにうっかりすると引っかかりそうで、これはよくできたダミーだ。③は「他の個体」の説明が欠けているのが、まちがい。④これは問題なさそうで、「正解」である。⑤は「他の個体」は入っているが、それに「空間」というよけいなものがついている。問題文では、「環境の一部となる」のはあくまで「ある個体」

である。

問3　傍線部Bの「複雑な構造」とは案外簡単なことで、集団では「個体それぞれの個別的な欲求」（75行目）があるのに、「全体としては集団の統一的な行動が保たれている」（78行目）ということだけだ。これを参照して選択肢を検討すればいい。

①は「内部環境は緊張関係を常にはらんでいる」がまちがい。「個別行動が全体の統制を破壊するような事態は、まず起こらない」（79行目）と矛盾する。②は「生命維持の具体的な」以下がまちがい。③「集団として常に最適な結果を生み出す調整がはかられる」がまちがい。問題文では「全体としては集団の統一的な行動が保たれている」（78行目）と言っているだけで、それが「最適」かどうかは判断していない。④「統制の破壊行動を起こす個体が内部に生じることもありうる」は、「個別行動が全体の統制を破壊するような事態は、まず起こらない」（79行目）と完全に矛盾するわけではない。可能性としてはあるだろうから。しかし、以下の「おのずとその可能性は封じ込められる」がまちがい。そういうことは一切書いていない。「正解」は⑤である。

問4　選択肢の構文がすべて「人間は自己意識を備えることでXだが、場合によってはYようになるということ」となっている。Xは人間が手に入れたことで、Yはそれと反することがあるという構文である。XとYを別々に点検するしかない。

①は傍線部Cの直前の部分をほぼそのまままとめてあり、これは「正解」とするしかない。ただし、「個体の存続を脅かす現実さえ招く」は問題文にはない。木村敏は、「自己意識」と「集団行動」が「真っ向から対立することになる」と言っているだけで、それがどういう結果を招くのかについては一切書いていない。それを「個体の存続を脅かす現実さえ招く」とするのは解釈以外の何ものでもない。**どうやらこの出題者は解釈を許容するようだ**。これは細心の注意が必要である。

②は「人間は自己意識を備えることで、他の生物には見られない強固な集団維持という目的を共有する社会を形成した」がまちがい。そういうことは書いていない。むしろ、反対だと書いてある（108行目）。それよりも、この選択肢は前半と後半が同じことを言っていて、「場合によっては」が生かされていないヘンな文章だ。こういう**乱れた文章が「正解」になることはない**。どんな問題の出題者だってダミーの選択肢をつくるのはとても厭《いや》な仕事だから、せめて「正解」の文章ぐらいはきちんと整えたいと思っているものだ。

③は「他の生物との対決能力が弱まり、種の存続が危ぶまれる可能性をも抱えるようになる」がまちがい。現実にはあるかもしれないが、そういうことは一切書いていない。

④は「場合によっては集団を防御する意識が過剰になり」がまちがい。そういうことは一切書いていない。それに、「場合によっては集団を防御する意識が過剰になり」以下の部分が意味不明。こういう**乱れた文章が「正解」になることはない**。

⑤は「場合によっては環境に大きな変化をもたらし」がまちがい。おそらく、環境破壊を連想させて受験生を引っかけようとしたのだろうが、そういうことは一切書いていない。

問5　「「私」＝境界」とはっきり書いてあるのは③だけだから、時間がなければそれで終わっていい。それでは解説としては芸がないので、もう少し書いておこう。

傍線部Dを説明している部分はむずかしいので、それは直接問わずに、この前提となる筆者の考えを問うたのだろう。それにしても、傍線部Dのあたりは正真正銘の悪文だ。だから、この問題文のキモだとわかってはいても、問えなかったのかもしれない。キモを問えないのなら、この文章を選ばなければいいのに。

こういうことだろう。まず、傍線部の「特異点としての『私』」とは、「円の中心にたとえられるような、それ以外の一切の点と質的に異なった特異点」(130行目)とある。これを読めば、この章のはじめに説明した**実存的自己**のことを言っていることがわかる。

実存的自己から見れば、自己以外のものはすべて他者になる。さらには、「私」が自分自身を意識すれば、意識された自分(客体としての自分)はそれを意識した自分(主体としての自分)にとって他者になる。つまり、「特異点としての『私』」は自分自身をも他者化する働きがあるのだ。

しかも、「特異点としての『私』」とは数学上の「点」のように、中心に位置するという、位置だけはあって面積を持たない。つまりは、身体を持たない。しかし、あることはある。そこで、中心としての「特異点としての『私』」のまさにその位置に他者との境界があることになってしまう。

中心が境界なのだから、もはや「内」と「外」の区別ができるわけがない。そして中心が境界なのだから、そこが「私」の位置でもある。こうして、「私」は境界そのものとなる。「「私」とは、実は「自我境界」そのもののことだといっていい」(152行目)ことになる。

もうひとつ。傍線部Dの「しかしそのようなイメージは、特異点としての「私」という自己を考える場合には適切でない」の「そのようなイメージ」が指すものを確認しておこう。

これは直前の「境界をはさんだ二つの領域が想定されていて、他者は外部世界に、自己は内部世界におかれる」ようなイメージを指している。

ここまで準備をしておいて、**情報整理能力**と**翻訳能力**を使って選択肢を検討してみよう。

①はじめの「人間の認知機能を他個体と自己とを識別するものととらえる見方」が「そのようなイメージ」と見合っていないのでまちがい。最後の「境界は相対的なものになってしまう」もまちがい。そういうことは一切書いていない。

②「世界の中での特異な自己の位置を定める精神分析的な「私」のとらえ方」が「そのようなイメージ」と見合っていないし、そもそも意味不明。最後の「必然的に他者に対して自らを特権化しすぎてしまうという考え」もまちがい。そういうことは一切書いていないし、木村敏のように捉《とら》えたら、むしろ「私」はゆらいでしまうはずである。

④「自己の絶対的な異質性を確立する」がまちがい。②で述べたように、むしろ「私」はゆらぐのであって、「絶対的な異質性」は確立されない。最後の「境界は共有される」もまちがい。「境界」はあくまで「私」の位置である。

⑤はじめの「すべての」が目に入ったら、まちがいだと判断していい。これは受験テクニックの常識だが、**「すべて」**や**「決して」**や**「まったく」といった全否定や全肯定があれば**

まずまちがい。最後の方の「当の内部世界にある自己意識は自らが空間的中心にあることを合理的に証明できないので、「私」はむしろ境界線上にあるといわざるをえない」がまちがい。「合理的に証明できない」から「「私」はむしろ境界線上にある」というものではない。事実として、「私」は境界だと言っている。そもそも、「合理的に証明」する責任は木村敏が負うべきものであって、「自己意識」が負うものではない。

問6　これは**情報整理能力**以外に使うものはない。

①「環境との境界面における生命維持の営みについて、個々の個体の場合と複数の個体の場合との異なりを明らかにし」の「異なり」がまちがい。問題文では、むしろ共通点が指摘されている（60行目以降）。

②はじめの「まず、環境との境界面における生命維持の営みについて、群全体や家族全体という集団の場合を対象として考察している」がいきなりまちがい。「まず」考察しているのは、「個体」についてである。③は最後の「冒頭の結論へと再び立ち戻っている」がまちがい。問題文ははじめに個体と環境について考察し、最後には「私」が境界だと言っている。

⑤は「その境界には何があるのかという問題を提示している」がまちがい。そういう「提

示」は行ってはいない。それにこの選択肢は、全体に意味不明だ。問題の出題者はよほど疲れていたか、自棄を起こしたのかもしれない。したがって、「正解」は④である。

一九八〇年代に流行した「現代思想」で、「近代」を問い直す運動だったニューアカデミズムの最盛期には、「自己は他者であり、他者は自己である」のような言い方がよくされた。自己と他者の二項対立崩しである。ニューアカデミズムはこれを得意とした。木村敏の考えもそれを通底するものがある。しかし、繰り返しておく。**自己と他者とを二項対立で思考するその思考方法への異議申し立てさえも、自己と他者という二項対立の論理で書かなければならない**と。要するに、まったく新しい自己像は自己と他者の二項対立の論法からは生まれないということだ。

◆差異だけが利潤を生む――岩井克人「資本主義と『人間』」　難易度☆☆☆

二〇一〇年一月に実施されたセンター試験の評論問題である。

ニューアカデミズムの全盛期に『ヴェニスの商人の資本論』（ちくま学芸文庫）で有名になった岩井克人は、一気にスター経済学者となって、一貫して「差異だけが利潤を生む」と言い続けてきた。それさえ知っていれば、むずかしい問題ではない。

ただし僕の見るところ、岩井克人の主張には部分的に現実に合わないところがあるし、この問題には「正解」の選択肢がない設問がある。それも含めて、センター国語の評論問題なのだろう。

第1問　次の文章を読んで、後の問い（**問1～6**）に答えよ。（配点　50）

フロイト（注1）によれば、人間の自己愛は過去に三度ほど大きな痛手をこうむったことがあるという。一度目は、コペルニクスの地動説によって地球が天体宇宙の中心から追放されたときに、二度目は、ダーウィンの進化論によって人類が動物世界の中心から追放されたときに、そして三度目は、フロイト自身の無意識の発見によって自己意識が人間の心的世界の中心から追放されたときに。

しかしながら実は、人間の自己愛には、すくなくとももうひとつ、フロイトが語らなかった傷が秘められている。だが、それがどのような傷であるかを語るためには、ここでいささか回り道をして、まずは「ヴェニスの商人」（注2）について語らなければならない。

ヴェニスの商人——それは、人類の歴史の中で「ノアの洪水以前」（注3）から存在していた商業資本主義の体現者のことである。海をはるかへだてた中国やインドやペルシャまで航海をして絹やコショウや絨毯《じゅうたん》を安く買い、ヨーロッパに持ちかえって高く売りさばく。遠隔地とヨーロッパとのあいだに存在する価格の差異が、莫大《ばくだい》な利潤としてかれの手元に残ることになる。すなわち、ヴェニスの商人が体現している商業資本主義とは、地理的に離れたふたつの国のあいだの価格の差異を媒介して利潤を生み出す方法である。そこでは、利潤は差異から生まれている。だが、A経済学という学問は、まさに、このヴェニスの商人を抹殺することから出発した。

> 年々の労働こそ、いずれの国においても、年々の生活のために消費されるあらゆる必需品と有用な物資を本源的に供給する基金であり、この必需品と有用な物資は、つねに国民の労働の直接の生産物であるか、またはそれと交換に他の国から輸入したものである。

『国富論』の冒頭にあるこのアダム・スミスの言葉は、一国の富の増大のためには外国貿易からの利潤を貨幣のかたちで(ア)チクセキしなければならないとする、重商主義者に対する挑戦状にほかならない。スミスは、一国の富の真の創造者を、遠隔地との価格の差異を媒介して利潤をかせぐ商業資本的活動にではなく、勃興《ぼっこう》しつつある産業資本主義のもとで汗水たらして労働する人間に見いだしたのである。それは、経済学における「人間主義宣言」であり、これ以後、経済学は「人間」を中心として展開されることになった。

たとえば、リカード(注4)やマルクスは、スミスのこの人間主義宣言を、あらゆる商品の交換価値はその生産に必要な労働量によって規定されるという労働価値説として定式化した。

実際、リカードやマルクスの眼前で進行しつつあった産業革命は、工場制度による大量生産を可能にし、一人の労働者が生産しうる商品の価値（労働生産性）はその労働者がみずからの生活を維持していくのに必要な消費財の価値（実質賃金率）を大きく上回るようになったのである。労働者が生産するこの剰余価値――それが、かれらが見いだした産業資本主義における利潤の源泉なのであった。もちろん、この利潤は産業資本家によって搾取されてしまうものではあるが、リカードやマルクスはその源泉をあくまでも労働する主体としての人間にもとめていたのである。

だが、産業革命から二百五十年を経た今日、ポスト産業資本主義の名のもとに、旧来の産業資本主義の急速な変貌《へんぼう》が伝えられている。ポスト産業資本主義――それは、加工食品や繊維製品や機械製品や化学製品のような実体的な工業生産物にかわって、B技術、通信、文化、広告、教育、娯楽といったいわば情報そのものを商品化する新たな資本主義の形態であるという。そして、このポスト産業資本主義といわれる事態の喧騒《けんそう》のなかに、われわれは、ふたたびヴェニスの商人の影を見いだすのである。

なぜならば、商品としての情報の価値とは、まさに差異そのものが生み出す価値のことだからである。事実、すべての人間が共有している情報とは、その獲得のためにどれだけ労力がかかったとしても、商品としては無価値である。逆に、ある情報が商品として高価に売れるのは、それを利用するひとが他のひととは異なったことが出来るようになるからであり、それはその情報の開発のためにどれほど多くの労働が投入されたかには無関係なのである。

まさに、ここでも差異が価格を作り出し、したがって、差異が利潤を生み出す。それは、あのヴェニスの商人の資本主義とまったく同じ原理にほかならない。すなわち、このポスト産業資本主義のなかでも、労働する主体としての人間は、商品の価値の創造者としても、一国の富の創造者としても、もはやその場所をもっていないのである。

いや、さらに言うならば、伝統的な経済学の独壇場であるべきあの産業資本主義社会のなかにおいても、われわれは、抹殺されていたはずのヴェニスの商人の巨大な亡霊を発見しうるのである。

産業資本主義――それも、実は、ひとつの遠隔地貿易によって成立している経済機構であったのである。ただし、産業資本主義にとっての遠隔地とは、海のかなたの異国ではなく、一国の内側にある農村のことなのである。

産業資本主義の時代、国内の農村にはいまだに共同体的な相互(イ)フジョの原理によって維持されている多数の人口が(ウ)タイリュウしていた。そして、この農村における過剰人口の存在が、工場労働者の生産性の飛躍的な上昇にもかかわらず、彼らが受け取る実質賃金率の水準を低く抑えることになったのである。たとえ工場労働者の不足によってその実質賃金率が上昇しはじめても、農村からただちに人口が都市に流れだし、そこでの賃金率を引き下げてしまうのである。

それゆえ、都市の産業資本家は、都市にいながらにして、あたかも遠隔地交易に(エ)ジュウジしている商業資本家のように、労働生産性と実質賃金率という二つの異なった価値体系の差異を媒介できることになる。もちろん、そのあいだの差異が、利潤として彼らの手元に残ることになる。これが産業資本主義の利潤創出の秘密であり、それはいかに異質に見えようとも、利潤は差異から生まれてくるというあのヴェニスの商人の資本主義とまったく同じ原理にもとづくものなのである。

この産業資本主義の利潤創出機構を支えてきた労働生産性と実質賃金率とのあいだの差異は、歴史的に長らく安定していた。農村が膨大な過剰人口を抱えていたからである。そして、この差異の歴史的な安定性が、その背後に「人間」という主体の存在を措定してしまう、C伝統的な経済学の「錯覚」を許してしまったのである。

かつてマルクスは、人間と人間との社会的な関係によってつくりだされる商品の価値が、商品そのものの価値として実体化されてしまう認識論的錯覚を、商品の物神化と名付けた。その意味で、差異性という抽象的な関係の背後にリカードやマルクス自身が措定してきた主体としての「人間」とは、まさに物神化、いや人神化の産物にほかならないのである。

差異は差異にすぎない。産業革命から二百五十年、多くの先進資本主義国において、無尽蔵に見えた農村における過剰人口もとうとう(オ)コカツしてしまった。実質賃金率が上昇しはじめ、もはや労働生産性と実質賃金率とのあいだの差異を媒介する産業資本主義の原理によっては、利潤を生みだすことが困難になってきたのである。あたえられた差異を媒介するのではなく、みずから媒介すべき差異を意識的に創《つく》りだしていかなければ、利潤が生み出せなくなってきたのである。その結果が、差異そのものである情報を商品化していく、現在進行中のポスト産業資本主義という喧噪《けんそう》に満ちた事態にほかならない。

差異を媒介して利潤を生み出していたヴェニスの商人X――あのヴェニスの商人の資本主義こそ、まさに普遍的な資本主義であったのである。そして、D「人間」は、この資本主義の歴史のなかで、一度としてその中心にあったことはなかった。

（岩井《いわい》克人《かつひと》「資本主義と『人間』」による）

（注）

1 フロイト――オーストリアの精神医学者（一八五六～一九三九）。精神分析の創始者として知られる。

2 「ヴェニスの商人」――シェークスピアの戯曲『ヴェニスの商人』をふまえている。

3 ノアの洪水――ノアとその家族が方舟《はこぶね》に乗り大洪水の難から逃れる、『旧約聖書』に記されたエピソード。

4 リカード――アダム・スミスと並ぶイギリスの経済学者（一七七二～一八二三）。

問1 傍線部(ア)～(オ)の漢字と同じ漢字を含むものを、次の各群の①～⑤のうちから、それぞれ一つずつ選べ。

(ア) チクセキ
① ゾウチクしたばかりの家
② 原文からのチクゴヤク
③ ガンチクのある言葉
④ チクバの友との再会
⑤ 農耕とボクチクの歴史

(イ) フジョ
① 家族をフヨウする
② 遠方にフニンする
③ フセキを打つ
④ 免許証をコウフする
⑤ フソクの事態に備える

(ウ) タイリュウ
① 作業がトドコオる
② 義務をオコタる
③ 口座から振りカえる
④ 苦難にタえる
⑤ フクロの中に入れる

(エ) ジュウジ
① ジュウソク感を得る

② フクジュウを強いられる
③ アンジュウの地を探す
④ 列島をジュウダンする
⑤ ユウジュウフダンな態度

(オ) コカツ
① 経済にカツリョクを与える
② 勝利をカツボウする
③ 大声でイッカツする
④ 説明をカツアイする
⑤ ホウカツ的な議論を行う

問2 傍線部A「経済学という学問は、まさに、このヴェニスの商人を抹殺することから出発した」とあるが、それはどういうことか。その説明として最も適当なものを、次の①～⑤のうちから一つ選べ。

① 経済学という学問は、差異を用いて莫大な利潤を得る仕組みを暴き、そうした利潤追求の不当性を糾弾することから始まったということ。
② 経済学という学問は、差異を用いて利潤を生み出す産業資本主義の方法を排除し、重商主義に挑戦することから始まったということ。
③ 経済学という学問は、差異が利潤をもたらすという認識を退け、人間の労働を富の創出の中心に位置づけることから始まったということ。
④ 経済学という学問は、労働する個人が富を得ることを否定し、国家の富を増大させる行為を推進することから始まったということ。
⑤ 経済学という学問は、地域間の価格差を利用して利潤を得る行為を批判し、労働者の人権を擁護することから始まったということ。

問3 傍線部B「技術、通信、文化、広告、教

育、娯楽といったいわば情報そのものを商品化する新たな資本主義の形態」とあるが、この場合、「情報そのもの」が「商品化」されるとはどういうことか。その具体的な説明として最も適当なものを、次の①～⑤のうちから一つ選べ。

① 多くの労力を必要とする工業生産物よりも、開発に多くの労力を前提としない特許や発明といった技術の方が、商品としての価値をもつようになること。

② 刻一刻と変動する株価などの情報を、誰もが同時に入手できるようになったことで、通信技術や通信機器が商品としての価値をもつようになること。

③ 広告媒体の多様化によって、工業生産物それ自体の創造性や卓越性を広告が正確にうつし出せるようになり、商品としての価値をもつようになること。

④ 個人向けに開発された教材や教育プログラムが、情報通信網の発達により一般向けとして広く普及したために、商品としての価値をもつようになること。

⑤ 多チャンネル化した有料テレビ放送が提供する多種多様な娯楽のように、各人の好みに応じて視聴される番組が、商品としての価値をもつようになること。

問4 傍線部C「伝統的な経済学の『錯覚』」とあるが、それはどういうことか。その説明として最も適当なものを、次の①～⑤のうちから一つ選べ。

① 産業資本主義の時代に、農村から都市に流入した労働者が商品そのものの価値を決定づけたために、伝統的な経済学は、価値を定める主体を富の創造者として実体化してしまったということ。

② 産業資本主義の時代に、都市の資本家が

農村から雇用される工場労働者を管理していたために、伝統的な経済学は、労働力を管理する主体を富の創造者と仮定してしまったということ。

③　産業資本主義の時代に、大量生産を可能にする工場制度が労働者の生産性を上昇させたために、伝統的な経済学は、大きな剰余価値を生み出す主体を富の創造者と認定してしまったということ。

④　産業資本主義の時代に、都市の資本家が利潤を創出する価値体系の差異を積極的に媒介していたために、伝統的な経済学は、その差異を媒介する主体を利潤の源泉と見なしてしまったということ。

⑤　産業資本主義の時代に、農村の過剰な人口が労働者の生産性と実質賃金率の差異を安定的に支えていたために、伝統的な経済学は、労働する主体を利潤の源泉と認識してしまったということ。

問5　傍線部D「『人間』は、この資本主義の歴史のなかで、一度としてその中心にあったことはなかった」とあるが、それはどういうことか。本文全体の内容に照らして最も適当なものを、次の①〜⑤のうちから一つ選べ。

①　商業資本主義の時代においては、商業資本主義の体現者としての「ヴェニスの商人」が、遠隔地相互の価格の差異を独占的に媒介することで利潤を生み出していたので、利潤創出に参加できなかった「人間」の自己愛には深い傷が刻印されることになった。

②　アダム・スミスは『国富論』において、真の富の創造者を勤勉に労働する人間に見いだし、旧来からの交易システムを成立させていた「ヴェニスの商人」を市場から退場させることで、資本主義が傷つけた「人

間」の自己愛を回復させようと試みた。

③ 産業資本主義の時代においては、労働する「人間」中心の経済が達成されたように見えたが、そこにも差異を媒介する働きをもった、利潤創出機構としての「ヴェニスの商人」は内在し続けたため、「人間」が主体として資本主義にかかわることはなかった。

④ マルクスはその経済学において、人間相互の関係によってつくりだされた価値が商品そのものの価値として実体化されることを物神化と名付けたが、主体としての「人間」もまた認識論的錯覚のなかで物神化され、資本主義社会における商品となってしまった。

⑤ ポスト産業資本主義の時代においては、希少化した「人間」がもはや利潤の源泉と見なされることはなく、価値や富の中心が情報に移行してしまったために、アダム・スミスの意図した「人間主義宣言」は完全に失効したことが明らかとなった。

問6 この文章の表現について、次の(i)・(ii)の各問いに答えよ。

(i) 波線部Xのダッシュ記号「——」のここでの効果を説明するものとして**適当でないもの**を、次の①〜④のうちから一つ選べ。

① 直前の内容とひと続きであることを示し、語句のくり返しを円滑に導く効果がある。

② 表現の間《ま》を作って注意を喚起し、筆者の主張を強調する効果がある。

③ 直前の語句に注目させ、抽象的な概念についての確認を促す効果がある。

④ 直前の語句で立ち止まらせ、断定的な結論の提示を避ける効果がある。

(ii) この文章の構成の説明として最も適当なものを、次の①〜④のうちから一つ選べ。

① 人間の主体性についての問題を提起することから始まり、経済学の視点から資本主義の歴史を起源にさかのぼって述べ、商業資本主義と産業資本主義を対比し相違点を明確にした後、今後の展開を予測している。

② 差異が利潤を生み出すことを本義とする資本主義において、人間が主体的立場になかったことを検証した後、その理由を歴史的背景から分析し、最後に人間の自己愛に関する結論を提示している。

③ 人間の自己愛に隠された傷があることを指摘した後で、差異が利潤を生み出すという基本的な資本主義の原理をふまえてその事例の特徴を検証し、最後に冒頭で提起した問題についての見解を述べている。

④ 差異が利潤を生み出すという結論から資本主義の構造と人間の関係を検証し、人間の労働を価値の源泉とする経済学の理論にもとづいて、具体的な事例をあげて産業資本主義の問題を演繹《えんえき》的に論じている。

評論問題でも要約文をつくっておくと、大怪我をしなくてすむ。この問題文の要約はすでに示したものを、問題文に合わせて少し詳しくしておこう。「いかなる資本主義であっても差異だけが利潤を生む」である。この考え方で資本主義のすべてを説明しようとしているのがこの問題文である。

岩井克人は、三つの形態の資本主義をこの原理で説明しようとしている。それをまとめておこう。

商業資本主義――遠隔地との価格の差異で利潤を上げる資本主義
産業資本主義――国内の賃金の差異によって利潤を上げる資本主義
ポスト産業資本主義――情報そのものの差異で利潤を上げる資本主義

岩井克人は、どの形態の資本主義であっても、差異が利潤を上げることには変わりはないと考えている。しかし、ある時期に「錯覚」が起きたと言う。

ポイントは「産業資本主義」で、現実には国内の賃金の差異によって利潤を上げているにもかかわらず、マルクスが商品の価値を「労働×時間」と定式化したために、また、大量生産が可能になって労働者が余剰価値を生み出すように見えたために、労働力としての「人間」が利潤を上げるのだと「錯覚」してしまったと、岩井克人が主張している点にある。（たとえば、「遅刻」という概念もこのマルクスの定式によって根拠が与えられているのである。）

つまり、一般的な対概念ではないが、〈差異／人間〉という二項対立で論理が組み立てられていて、岩井克人は徹底して「差異が利潤を生み出す」と言っている。したがって、「人間」を肯定的に書いてある選択肢があれば、それはまちがいだと判断できる。逆に、「差異」を肯定的に書いてある選択肢があれば、それは「正解」だと判断できる。これだけのことをきちんと押さえておけば、まちがいは起きないはずだ。

問1 (ア)「蓄積」だから、順に①「増築」、②「逐語訳」、③「含蓄」、④「竹馬」、⑤「牧畜」となって、「正解」は③である。(イ)「扶助」だから、順に①「扶養」、②「赴任」、③「布石」、④「交付」、⑤「不測」となって、「正解」は①である。(ウ)「滞留」だから、①「滞る」、②「怠る」、③「替える」、④「耐える」、⑤「袋」となって、「正解」は①である。(エ)「従事」だから、①「充足」、②「服従」、③「安住」、④「縦断」、⑤「優柔」となって、「正解」は②である。(オ)「枯渇」だから、①「活力」、②「渇望」、③「一喝」、④「割愛」、⑤「包括」だから、「正解」は②である。

問2 「ヴェニスの商人」とは、「遠隔地との価格の差異で利潤を上げる資本主義」のたとえである。それを「伝統的な経済学」(133行目)は労働力としての「人間」が利潤を上げるのだと「錯覚」してしまったと言っているのだから、「正解」は③だとすぐにわかる。もっと簡単に「「人間」を肯定的に書いてある選択肢があれば、それはまちがい」なのだから、こういうまちがいを犯した「伝統的な経済学」は③だとすぐに判断できる。

念のために、他の選択肢を点検しておこう。

①は「そうした利潤追求の不当性を糾弾することから始まった」がまちがい。問題文ではこういう「搾取」の「糾弾」は行っていない。これは**情報整理能力**。

②はやや微妙だが、この選択肢で言う「経済学」は岩井克人の言う「伝統的な経済学」のことだと理解できて、資本主義の展開を〈商業資本主義→産業資本主義→ポスト産業資本主義〉ときちんと押さえられていれば、アダム・スミスに代表される「伝統的な経済学」は「商業資本主義」を「排除」して「重商主義に挑戦」はしたが、「産業資本主義」に「人間」を見出そうとしてしまったことがわかる。しかも、岩井克人の「新しい」経済学は「産業資本主義」を「排除」してはいない。したがって、まちがい。これも**情報整理能力**。

④は「経済学という学問は、労働する個人が富を得ることを否定し」がまちがい。そういうことは一切書いていない。これは、マルクス主義経済学が資本家が労働者を搾取するという趣旨のことを言って糾弾したので（これを「人間疎外」という）、これを聞きかじった受験生を引っかけようとした苦心の選択肢である。これも**情報整理能力**。

⑤は「地域間の価格差を利用して利潤を得る行為を批判し」がまずまちがい。経済学は「産業資本主義」に「一国の富の真の創造者」（43行目）を「労働する人間に見いだした」（46行目）だけであって、「批判」はしていない。これは**翻訳能力**。また、「労働者の人権を擁護する」もまちがい。そういうことは一切書いていない。これも**情報整理能力**。

問3　傍線部Bの「具体的な説明」を選択させるわけで、応用問題と言っていいかもしれない。ポイントは「情報そのものを商品化する」とはどういうことかがわかっているかどうかだろう。この設問は、受験生自身の**翻訳能力**を問うているのである。

①は「多くの労力を必要とする」と「開発に多くの労力を前提としない」が対句仕立てになっているが、「情報そのものを商品化する」ことはこういうレベルの問題ではない。「ある情報が商品として高価に売れるのは、それを利用するひとが他のひととは異なったことが出来るようになるからであり、それはその情報の開発のためにどれほど多くの労働が投入されたかには無関係なのである」（84行目〜）とある。それに、この選択肢は「具体的」でもない。

②は「通信技術や通信機器が商品としての価値をもつ」がまちがい。価値をもつのは「情

報」であって、こうした「機器」の類だとは言っていない。③は「広告が正確にうつし出せるようになり」がまちがい。「広告」にそのような性質があるわけではない。むしろ現実には広告は、実際の商品よりもすぐれたイメージを作り出そうとしているはずだ。

④は「個人向け」が「一般向け」になったことで「商品としての価値をもつようになる」がまちがい。これでは価値を生む源泉である差異がなくなってしまう。①の説明で引用した「ある情報が商品として高価に売れるのは、それを利用するひとが他のひととは異なったことが出来るようになるから」と反対のことを言っている。

⑤は「各人の好みに応じて視聴される番組」が差異の説明になっているので、「正解」だろう。実際、いまでは双方向的なやりとりが出来る番組が差異を生み出す装置として作り出されている。これだと、個人個人で番組がカスタマイズできることになるからだ。

問4　この「錯覚」については、はじめに解説しておいた。あとは**情報整理能力**と少しの**翻訳能力**だけで解けるはずだ。

①はなかなかうまくできたダミーだが、「農村から都市に流入した労働者が商品そのものの価値を決定づけた」がまちがい。「価値を決定づけた」のはあくまで賃金格差であって、

「労働者」たち本人ではない（107行目以降）。

②は「伝統的な経済学は、労働力を管理する主体（著者注＝「資本家」である）を富の創造者と仮定してしまった」がまちがい。アダム・スミスに代表される「伝統的な経済学」は、むしろ「一国の富の真の創造者」を「労働する人間に見いだした」（43行目〜）のである。「労働力を管理する主体」を「労働者」と勘違いさせようとした、苦心の選択肢だ。

③はきわどいダミーだが、「大量生産を可能にする工場制度が労働者の生産性を上昇させたために」がまちがい。これは「伝統的な経済学の「錯覚」」の理由ではない。「伝統的な経済学の「錯覚」」が起きたのは、都市の労働賃金と農村の労働賃金の差異が「安定」していたために（130行目）、それを見のがしてしまったからだと、岩井克人は言っている。

④よくできたダミーだ。選択肢には「都市の資本家」が「差異を媒介する主体（著者注＝「都市の資本家」である）を利潤の源泉と見なしてしまった」とあるが、「伝統的な経済学」は、「一国の富の真の創造者」を「労働する人間に見いだした」（43行目〜）のである。

というわけで、「正解」は⑤である。これは、はじめに説明しておいた。その意味で、問題文のキモをきちんと問うていると言える。

問5　この設問には、根本的な疑問を持っている。傍線部Dはこう書かれている。「『人間』は、この資本主義の歴史のなかで、一度としてその中心にあったことはなかった」である。いま施した傍線部を読めば、この一文の「この」は「ヴェニスの商人の資本主義」、すなわち岩井克人の論に従えば「商業資本主義、産業資本主義、ポスト産業資本主義」すべてのことを指しているのは明らかである。

したがって、「正解」はこのすべての「資本主義」に共通する性質について述べていなければならず、このいずれかの「資本主義」に限定して述べた選択肢はすべてまちがいでなければならない。これは岩井克人の理論のキモであり、同時に文章の形式上の問題である。

ところが選択肢を見てみると、すべての選択肢がこのいずれかの「資本主義」の説明になっているのである。そうである以上、形式的に「正解」は「ない」と判断していい。そうではないだろうか。ひどいことになったものだ。

だからこの問題の解説はしたくないのだが、受験生は試験場ではとにかく「正解」を選ばなければならない。仕方がない。設問を〈『人間』は、この資本主義の歴史のなかで、一度としてその中心にあったことはなかった」と言えるためには、どのように考えなければならないか〉と読み換えて検討しよう。いや、まさにこういう文章で問えばよかったのである。

使うのは**情報整理能力**である。

①は「利潤創出に参加できなかった「人間」の自己愛には深い傷が刻印されることになった」がまちがい。そういうことは一切書いていない。

②は「回復させようと試みた」が微妙である。「試みた」結果成功したという文意なら、『人間』は、この資本主義の歴史のなかで、一度としてその中心にあったことはなかった」と矛盾するからまちがい。しかし、「試みた」結果失敗したなら、矛盾はしないから微妙だ。「試みた」には「失敗した」というニュアンスが含まれることがあるから、もう少しはっきり言い切ってほしかった。

③は、いわばアダム・スミスの「試み」が失敗した場合の記述であって、岩井克人の論旨とも合うし、先に読み換えた設問とも合うので、これを「正解」とするしかないようだ。

④は「主体としての「人間」もまた認識論的錯覚のなかで物神化され」がまちがい。そういうことは一切書いていない。マルクスは、「人間」を「人神化」（141行目）したと言っている。

⑤は「アダム・スミスの意図した「人間主義宣言」は完全に失効した」が、選択肢の文脈上まちがい。これが「失効」したのは、なにも「ポスト産業資本主義」が原因ではない。もともとまちがった考え方だと、岩井克人は言っているのだ。

問6　(i)まちがいは、つまり、「正解」は④である。むしろ、その直後に結論的に「断定」している。

(ii)は**情報整理能力**を使う。

①は「商業資本主義と産業資本主義を対比し相違点を明確にした後、今後の展開を予測している」がまちがい。岩井克人は「商業資本主義と産業資本主義」は結局は差異から利潤を上げている点で同じだと言っている。また「今後の展開を予測」してはいない。ただし、「経済学の視点から資本主義の歴史を起源にさかのぼって述べ」は、受験生にはちょっときつかったのではないだろうか。たしかにアダム・スミス『国富論』は近代経済学のはじまりの本だと言われるが、これを「国語」の問題で受験生に判断させるのはどうだろうか。ここは判断できなかった受験生がほとんどだったのではないだろうか。

②は「最後に人間の自己愛に関する結論を提示している」がまちがい。そうはなっていない。④は「人間の労働を価値の源泉とする経済学の理論にもとづいて」がまちがい。岩井克人は、こういうアダム・スミスの考えを批判し、差異こそが「価値の源泉」だと言っている。したがって、「正解」は③である。

最後に、岩井克人の説明にちょっとした疑問を。

岩井克人は、産業資本主義でも国内の賃金の差異によって利潤を上げたと論じている。その通りだが、その前に、国外に賃金の差異を求めた時期があったはずである。それがかなわなくなったから、国内に非正規労働者という形で、再び賃金の差異を求めはじめたのである。このあたりは、もう少し丁寧でもよかったと思う。

それから、資本主義に関して是非読んでもらいたい新書を挙げておこう。

経済学者の水野和夫と社会学者の大澤真幸の対談『資本主義という謎――「成長なき時代」をどう生きるか』(NHK出版新書、二〇一三・二)である。それこそ資本主義が形成された一六世紀からの展開を学ぶことができる。最近流行の「世界経済論」で、僕でさえ(たぶん)だいたいは理解できたのだから、君たちならふつうにわかると思う。

◆漢字は権力である――齋藤希史『漢文脈と近代日本』　難易度☆☆☆

二〇一四年一月に実施されたセンター試験の評論問題である。

このところセンター試験の現代文が少し変わってきたなと思わせる問題だった。小説問題は戦前の作品が多くなったし、二〇一三年一月の評論問題が小林秀雄だったのは事故みたいなものだが、論理的思考を試す一九七〇年代に確立された現代文の王道から、知識を前提とした問題に変わりつつあるように思われるのだ。これは近代日本の受験国語としては復古的と言う事ができる（拙著『秘伝　大学受験の国語力』新潮選書、二〇〇七・七）。

第1問　以下は、十八世紀末から十九世紀にかけて、幕府の教学制度が整備され、さらにこれをモデルとした学問奨励策が各藩に普及していくことに伴って、漢文を読み書きする行為が士族階級を主な担い手として日本全国に広まったことを述べた後に続く文章である。これを読んで、後の問い**（問1～6）**に答えよ。（設問の都合で本文の段落に[1]～[20]の番号を付してある。）（配点　50）

[1]漢文学習の入り口は素読《そどく》です。初学者はまず『論語』や『孝経《こうきょう》』（注1）などを訓点に従ってただ(ア)ボウヨみする素読を叩《たた》きこまれました。漢籍を訓読するというのは、一種の翻訳、つまり解釈することですから、解釈の標準が定まっていないと、訓読もまちまちになってしまいます。そうすると、読み方、つまり素読を統一することはできなくなります。「素読吟味」という試験は素読の正確さを問うものでしたから、素読、すなわち訓読はおおまかにせよ統一されていることが前提となりましたし、さらにその前提として、解釈の統一が必要でした。つまり、解釈の統一は、カリキュラムとしての素読の普及と一体のものであったと言えるのです。やや極端な

言い方ですが、異学(注2)の禁があればこそ、素読の声は全国津々浦々に響くことになったのです。

[2]このように歴史の流れを理解すれば、十九世紀以降の日本において、漢文が公的に認知された素養であったということも、納得しやすいのではないでしょうか。

[3]さて、こうした歴史的な環境の中で、漢文は広く学ばれるようになったのですが、多くの人々は儒者(注3)になるために経書《けいしょ》を学んだのではありませんし、漢詩人になるために漢籍をひもといたのではありませんでした。そうした専門家になるためでなく、いわば基礎学問としての漢学を修めたのです。もちろん、体制を支える教学として、身分秩序を重んじる朱子学が用いられたという側面を無視することはできません。しかし、現実に即して見れば、漢学は知的世界への入り口として機能しました。訓読を叩きこまれ、大量の漢籍に親しむことで、彼らは自身の知的世界を形成していったのです。

[4]となると、その過程で、ある特定の思考や感覚の型が形成されていったことにも、注意を向ける必要があります。といっても、忠や孝に代表される儒教道徳が漢文学習によって身についたと言いたいのではありません。そうした側面がないとは言えないのですが、通俗的な道徳を説く書物なら、漢籍を待たずとも、巷《ちまた》に溢《あふ》れていました。何も漢文を学ばなければ身につかないものでもなかったのです。

[5]Aもう少し広く考えてみましょう。

[6]そもそも中国古典文は、特定の地域の特定の階層の人々によって担われた書きことばとして始まりました。逆に言えば、その書きことばによって構成される世界に参入することが、すなわちその階層に属することになるわけです。どんなことばについてもそうですが、B人がことばを得、ことばが人を得て、その世界は拡大しま

す。前漢から魏晋《ぎしん》にかけて、その書きことばの世界は古典世界としてのシステムを整えていき、高度なリテラシー（読み書き能力）によって社会に地位を(イ)シめる階層が、その世界を支えました。それが、士人もしくは士大夫と呼ばれる人々です。

7『論語』一つを取ってみても、そこで語られるのは人としての生き方であるように見えて、士としての生き方です。「学んで時に習う…」と始められるように、それは「学ぶ」階層のために書かれています。儒家ばかりではありません。無為(注4)自然を説く道家にしても、知の世界の住人であればこそ、無為自然を説くのです。乱暴な言い方ですが、農民や商人に向かって隠逸(注5)を説くのではないのです。

8思想でなく文学にしても、同じことが言えます。たしかに、中国最古の詩集である『詩経《しきょう》』(注6)には民歌に類するものが含まれていますが、その注釈や編纂《へんさん》が士人の手になるものである以上、統治のために民情を知るという視線はすでに定まっています。まして、魏晋以降、士人が自らの志や情を託しうるものとして詩を捉《とら》え、ついには詩作が彼らの生を構成するほとんど不可欠の要素になったことを見れば、唐代以降の科挙による詩作の制度化を待たずとも、古典詩はすでに士人のものだったことは、あきらかです。

9こういう観点からすれば、古典詩文の能力を問う科挙は、士大夫を制度的に再生産するシステムであったのみならず、士大夫の思考や感覚の型——とりあえずこれをエトスと呼ぶことにします——の継承をも保証するシステムだったことになります。

10日本の近世社会における漢文の普及もまた、士人的エトスもしくは士人意識——その中身については後で述べます——への志向を用意しました。漢文をうまく読み、うまく書くには、字面だけを追って真似《まね》ても限界があります。その士人としての意識に同化してこそ、まるで唐代の名文家韓愈《かんゆ》が乗り移ったかのような文章が書けるというわけです。あるいは、彼らの詩文を真似て書いているうちに、心の構えがそうなってしまうと言ってもよいでしょう。文体はたんに文体に止《とど》まるものではないのです。

11 そういうふうにして、古典文の世界に自らを馴染《なじ》ませていくこと自体は、中国でも日本でもそれほどの違いがあるわけではありません。ただ、誰《だれ》がどのようにして、というところには注意が必要です。もう一度、近世日本に戻って考えてみましょう。

12 繰り返しになりますが、日本における近世後期の漢文学習の担い手は士族階級でした。となると、中国の士大夫と日本の武士が漢文を介してどのように繋《つな》がるのか、見ておく必要があります。

13 (ウ)グンコウを競う中世までの武士とは異なり、近世幕藩体制下における士族はすでに統治を維持するための吏僚(注7)であって、中国の士大夫階級と類似したポジションにありました。その意味では、士人意識には同化しやすいところがあります。一方、中国の士大夫があくまで文によって立つことでアイデンティティを確保していたのに対し、武士は武から外れることは許されません。抜かなくても刀は要るのが太平の武士です。文と武、それは越えがたい対立のように見えます。

14 しかしそれも、武を文に対立するものとしてでなく、忠の現れと見なしていくことで、平時における自己確認も(エ)ヨウイになります。C刀は、武勇でなく忠義の象徴となるのです。これは、武への価値づけの転換であると同時に、そうした武に支えられてこその文であるという意識が生まれる(オ)ケイキにもなります。

15 やや誇張して言えば、近世後期の武士にとっての文武両道なるものは、行政能力が文、忠義の心が武ということなのです。武芸の鍛錬も、総じて精神修養に眼目があります。水戸《みと》藩の藩校弘道館《こうどうかん》を始め、全国各地の藩校が文武両道を標榜《ひょうぼう》したことは、こうした脈絡の中で捉えてこそ意味があるでしょう。たとえば、幕末の儒者佐藤一斎《さとういっさい》(注8)の『言志晩録』にはこんな一節があります。

> 刀槊之技、懐怯心者衄、頼勇気者敗。必也泯勇怯於一静、忘勝負於一動、［…］如是者勝矣。心学亦不外於此。
> (刀槊《とうさく》の技［剣術］は、怯心《きょうしん》［臆病《おくびょう》な心］を懐《いだ》く者は衄《じく》し［負け］、勇気に頼る者は敗《やぶ》る。必ずや勇怯を一静に泯《びん》し［消し］、勝負を一動に忘れ、［…］是《か》くの如《ごと》き者は勝つ。心学も亦《ま》た此《こ》れに外ならず。)

16 臆病も勇猛も勝負も超越してこそ、勝つことができる。武芸はすでに技術でなく精神が左右するものになっています。だからこそ、精神修養の学である「心学」が、武芸の鍛錬になぞらえられているのです。注意したいのは、武芸を心学に喩《たと》えているのではないことです。その逆です。心学を武芸の鍛錬によって喩えるほどに、武芸は精神の領域に属する行為となっていたというわけです。

17 そして寛政以降の教化政策によって、学問は士族が身を立てるために必須の要件となりました。政治との通路は武芸ではなく学問によって開かれたのです。もちろん「学問吟味」という名で始まった試験は、中国の科挙制度のような大規模かつ組織的な登用試験とは明らかに異なっていますし、正直に言えば、ままごとのようなものかもしれません。けれども、「学問吟味」

や「素読吟味」では褒美が下され、それは幕吏(注9)として任用されるさいの履歴に記すことができました。武勲ならぬ文勲です。そう考えれば、むしろあからさまな官吏登用試験でないほうが、武士たちの感覚にはよく適合したとも言えるのです。

18 もう一つ、教化のための儒学はまず修身(注10)に始まるわけですが、それが治国・平天下に連なっていることも、確認しておきましょう。つまり、統治への意識ということです。士大夫の自己認識の重要な側面がここにあることは、言うまでもありません。武将とその家来たちもまた、その意識を分かちもつことで、士となったのです。経世(注11)の志と言い換えることもできるでしょう。「修身・斉家・治国・平天下」とは、四書の一つ『大学』の八条目《はちじょうもく》のうち、後半の四つです。『大学』は朱子学入門のテキストとして重んじられ、倫理の基本でもありました。

19 細かく言えば、八条目の前半、「格物(注12)・致知・誠意・正心」との思想的連関はどうなのか、とか、昌平黌《しょうへいこう》や藩校でのむやみな政談はご法度《はっと》だったのではないか、とか、いくらでも議論や検証を行う余地はあります。単純に統治意識の一語ですませられないところがあるのは事実です。近世の思想史をていねいに見ようとすれば、右の捉え方は、ややおおづかみに過ぎるかもしれません。

20 しかし当の学生たちにとってみれば、漢文で読み書きするという世界がまず目の前にあり、そこには日常の言語とは異なる文脈があったところこそが重要なのです。そしてそれは、道理と天下を語ることばとしてあったのです。D漢文で読み書きすることは、道理と天下を背負ってしまうことでもあったのです。

（齋藤希史《さいとうまれし》『漢文脈と近代日本』による）

（注）

1 孝経――儒教の基本文献の一つ。

2 異学の禁――「寛政異学の禁」のこと。寛政の改革の一環として、一七九〇（寛政二）年以降実施された、幕府の教学政策。儒教の学説の一つである朱子学を正統の学問とし、それ以外の学説を幕府の儒者が講じることを禁じた。中国に範をとって「学問吟味」と「素読吟味」という試験制度が設けられ、幕府直轄の学問所（昌平坂《しょうへいざか》学問所＝昌平黌《しょうへいこう》）も正式に定められた。

3 儒者――儒学を学び、修めた人。また儒学を講じる人。儒家。

4 無為自然を説く道家――「無為自然」は、『老子』『荘子』の教えの基本理念で、人為を排し、自然の理法に従って生きること。「道家」は『老子』『荘子』の学説を奉じる人。

5 隠逸――無為自然の理念のもと、俗世を離れて暮らすこと。

6 詩経――経書の一つ。古代中国の殷《いん》・西周から春秋時代にかけての詩三〇五編を収める。

7 吏僚――役人、官吏。

8 佐藤一斎――一七七二年～一八五九年。大学者として知られ、一八四一年には昌平黌の教授となった。

9 幕吏――江戸幕府の役人。

10 修身――代表的な経書である『大学』で説かれている八つの項目の一つ。自分の行いを律し、我が身を正しく保つこと。人を治める（斉家・治国・平天下）にあたっての根本に位置づけられる。なお、「斉家」は家を正しくととのえること、「治国」は国を正しく治めること、「平天下」は天下すなわち世の中を平穏に保つこと。

11 経世――世の中を治めること。

12 格物・致知・誠意・正心――「修身」に先立つとされる、物事の理解や心構え。

問1 傍線部(ア)〜(オ)に相当する漢字を含むものを、次の各群の①〜⑤のうちから、それぞれ一つずつ選べ。

(ア)ボウヨみ

① 生活がキュウボウする
② お調子者にツウボウを食らわす
③ 人口のボウチョウを抑える政策
④ ムボウな計画を批判する
⑤ 国家のソンボウにかかわる

(イ)シめる

① センパクな言動に閉口する
② 新人選手がセンプウを巻き起こす
③ 建物が違法にセンキョされる
④ 法廷で刑がセンコクされる
⑤ センザイ的な需要を掘り起こす

(ウ)グンコウ

① つまらないことにコウデイする
② 彼の意見にはシュコウできない
③ 出来のコウセツは問わない
④ コウザイ相半ばする
⑤ ごつごつしてセイコウな文章

(エ)ヨウイ

① 事のケイイを説明する
② カンイな手続きで済ませる
③ イサンを相続する
④ イダイな人物の伝記
⑤ イサイは面談で伝える

(オ)ケイキ

① ケイコウとなるも牛後となるなかれ
② リサイクル活動をケイハツする
③ これまでのケイヤクを見直す
④ 豊かな自然のオンケイを受ける
⑤ 経済の動向にケイショウを鳴らす

問2 傍線部A「もう少し広く考えてみましょう。」とあるが、それはなぜか。その説明として最も適当なものを、次の①〜⑤のうちから一つ選べ。

① 中国に目を転じて時代をさかのぼり、中国古典文に見られる思想と文学の共通点を考慮に入れることで、近世後期の日本において漢籍が知的世界の基礎になった根拠が把握できるから。

② 中国に目を転じて時代をさかのぼり、科挙を例に学問の制度化の歴史的起源に関する議論を展開することで、近世後期の日本において漢学が素養として公的に認知された理由が把握できるから。

③ 中国に目を転じて時代をさかのぼり、儒家だけでなく道家の思想も士大夫階級に受け入れられた状況を踏まえることで、近世後期の日本において漢文学習により知的世界が多様化した前提が把握できるから。

④ 中国に目を転じて時代をさかのぼり、中国古典文と士大夫階級の意識との関係を考察することで、近世後期の日本において漢文学習を通して思考や感覚の型が形成された過程が把握できるから。

⑤ 中国に目を転じて時代をさかのぼり、中国古典文に示された民情への視線を分析することで、近世後期の日本において漢学の専門家以外にも漢文学習が広まった背景が把握できるから。

問3 傍線部B「人がことばを得、ことばが人を得て、その世界は拡大します」とあるが、中国では具体的にどのような展開があったのか。その説明として最も適当なものを、次の①〜⑤のうちから一つ選べ。

① 無為自然を説く道家のことばに導かれ、上昇志向を捨てた人々がいる一方で、身分秩序を説く中国古典文が社会規範として広く支持されるにつれて、リテラシーの程度によって階層を明確に区分する社会体制が

浸透していった。
② 中国古典文の素養が士大夫にとって不可欠になると、リテラシーの獲得に対する人々の意欲が高まるとともに、中国古典文が書きことばの規範となり、やがてその規範に基づく科挙制度を通して統治システムが行き渡っていった。
③ 高度な教養を持つ士大夫がそのリテラシーによって中国古典文の世界を支えるようになると、その世界で重視された儒家の教えが社会規範として流布し、結果的に伝統的な身分秩序を固定化する体制が各地に形成されていった。
④ 中国古典文のリテラシーを獲得した人々が自由に自らの志や情を詩にするようになると、支配階層である士人が編む経書の中にも民情を取り入れたものが出現し、科挙制度のもとで確立した身分秩序が流動化していった。
⑤ 中国古典文のリテラシーを重視する科挙が導入され、古典詩文への関心が共有されるようになると、士大夫が堅持してきた書きことばの規範が大衆化し、人々を統治するシステム全体の変容につながっていった。

問4 傍線部C「刀は、武勇でなく忠義の象徴となる」とあるが、それによって近世後期の武士はどういうことが可能になったのか。その説明として最も適当なものを、次の①〜⑤のうちから一つ選べ。

① 近世後期の武士は、刀が持つ武芸の力を忠義の精神の現れと価値づけることで、理想とする中国の士大夫階級の単なる模倣ではない、日本独自の文と武に関する理念を打ち出すことができるようになった。
② 近世後期の武士は、単なる武芸の道具であった刀を、漢文学習によって得られた吏

僚としての資格と、武士に必須な忠義心とを象徴するものと見なすことで、学問への励みにすることができるようになった。

③　近世後期の武士は、刀を持つことが本来意味していた忠義の精神の中に、武芸を支える胆力と、漢文学習によって獲得した知力とを加えることで、吏僚としての武士の新たな価値を発見できるようになった。

④　近世後期の武士は、武芸の典型としての刀を忠義の精神の現れと見なし、その精神を吏僚として要求される行政能力の土台と位置づけることで、学問につとめる自らの生き方を正当化できるようになった。

⑤　近世後期の武士は、常に刀を携えることで、統治のためには忠義で結ばれた関係が最も重要であることを自覚し、出世のための学問を重んじる風潮に流されず、精神の修養に専念できるようになった。

問5　傍線部D「漢文で読み書きすることは、道理と天下を背負ってしまうことでもあった」とあるが、それはどういうことか。本文全体の内容に照らして最も適当なものを、次の①〜⑤のうちから一つ選べ。

①　武士の子弟たちは、漢文を学ぶことを通して、幕府の教化政策を推進する者に求められる技能を会得するとともに、中国の科挙制度が形成した士人意識と同様のエリートとしての内面性を備えるようになったということ。

②　武士の子弟たちは、漢文を学ぶことを通して、行政能力としての文と忠義の心としての武とを個々の内面において調和させるとともに、幕吏として登用されるために不可欠な資格を獲得するようになったということ。

③　武士の子弟たちは、漢文を学ぶことを通

して、身を立てるのに必要な知識を獲得するとともに、士人としての思考や心の構えをおのずから身に付け、幕藩体制下の統治者としてのあり方を体得するようになったということ。

④ 武士の子弟たちは、漢文を学ぶことを通して、幕府の教化政策の根幹に据えられている修身を実践するとともに、士人としての生き方を超えた、人としての生き方にかなう経世の志を明確に自覚するようになったということ。

⑤ 武士の子弟たちは、漢文を学ぶことを通して、中国の士人が継承してきた伝統的な思考法に感化されるとともに、それに基づき国家を統治するという役割を天命として引き受ける気になったということ。

問6 この文章の表現と構成について、次の(i)・(ii)の問いに答えよ。

(i) この文章の表現に関する説明として最も適当なものを、次の①〜④のうちから一つ選べ。

① ある程度の長さの段落と段落の間に、第2、第5、第9段落のように、読み手に問いかけるような、一文のみから成る短い段落をはさむことにより、論理の展開に緩急のリズムが付き、読み進めやすくなっている。

② 「やや極端な言い方ですが」(第1段落)、「逆に言えば」(第6段落)、「正直に言えば」(第17段落)などの表現により、それぞれの前の部分と、それに続く部分との関係があらかじめ示され、内容が読み取りやすくなっている。

③ 第1、第3、第4、第7段落などにおいて、その最後の文が「〜のです」という文末表現で終わることにより、それぞれそこ

までの内容についての確認・念押しが行われ、次の話題に移ることが明らかになっている。

④「です・ます」という優しい調子の書き方の中に、「漢籍を待たずとも」(第4段落)、「文武両道なるものは」(第15段落)などの学術的な言い回しも交えることにより、内容に見合う観念的なスタイルが確保されている。

(ii) この文章の構成に関する説明として最も適当なものを、次の①〜④のうちから一つ選べ。

① 第1段落〜第4段落に示された全体の骨子について、第5段落〜第10段落と、第11段落〜第20段落との二つの部分が、それぞれの観点から具体的に説明するという構成になっている。

② 第1段落〜第2段落が前置き部分に相当し、第3段落〜第16段落が中心部分となり、それに対して、第17段落〜第20段落が補足部分という構成になっている。

③ 第1段落〜第10段落と、第11段落〜第20段落という、大きく二つの部分に分けられ、同一の話題に対して、前半が概略的な説明部分、後半が詳細な説明部分という構成になっている。

④ 第1段落〜第2段落、第3段落〜第11段落、第12段落〜第19段落、そして第20段落という四つの部分が、起承転結という関係で結び付く構成になっている。

読んでみて何が前提となっているかわかっただろうか。

齋藤希史は中国文学者ということになっているが、これまで西欧の「翻訳」によって成り立っていたと考えられてきた明治期の文学を、江戸時代以来の漢文脈の系譜から見直す研究に特徴がある。これは漢文の素養がないとできない研究なので、近代文学研究者にはなかなか手が出しにくいアプローチなのだ。これだけだと、中国文学研究から得た知見を近代文学研究に生かしたというレベルで話は終わりである。

しかし、この二〇年ほどの近代文学研究の流れの中に齋藤希史の研究を置いてみると、またちがった側面が見えてくる。それはポスト・コロニアリズムである。

ポスト・コロニアリズムとは、直訳すれば「植民地以後」となる。いわゆる欧米列強が多くの地域を植民地化した明治維新以後、急速に近代化した日本も例外ではなかった。それが第二次世界大戦以後、それまで植民地だった地域が次々に国家として独立した。そこで、そうした地域では植民地時代に何が起こったのか、植民地以後何が起きているのか、経済・文化・政治に残存する植民地主義の影響を明らかにする研究が盛んに行われるようになった。

たとえば、いまインドが世界経済の有望国として注目を浴びている。その要因の一つは、インドの支配者層がかつての宗主国だったイギリスに留学して、イギリス流の思想を身につけ、英語を話すことができることである。

日本の近代化が成功した大きな要因には、かなり早い時期から大学において日本語で学問ができるようになったことが挙げられる。皮肉なことに、それが英語を含む外国語が苦手な大学卒業者を大量生産することになって、いまはそれがグローバル化に立ち後れる要因となってしまっている。

いま「かなり早い時期から大学において日本語で学問ができるようになった」と書いたが、その要因の一つに挙げられるのが、漢字の造語力である。欧米から輸入した抽象的な概念語を、日本は次々に漢字と漢熟語に置き換えて、外国語ができない人々にもわかるようにした。

この事実からわかるのは、当時の識字率から考えて、それはより多く知識人のためのものだったということだ。そして、齋藤希史が言う漢文脈は、江戸時代に武士だった階級が得意としたものだった。

実は、明治三〇年代に、おそらく近代日本ではじめての「学力低下論争」が起きたらしい。「いまの東京帝国大学の学生は漢文が読めなくなった」と嘆く声が出はじめたというのだ。

それは、明治三〇年代の半ばまでは、東京帝国大学の学生は日本国民の五パーセントほどしかいなかった旧武士階級の子弟（東京帝国大学は男子だけの学校だった）が半数以上を占めていたが、この時期に庶民が半数を超えたからである。つまり、はじめは東京帝国大学は旧武士階級の子弟のための大学だったのだ。

旧武士階級の子弟は家の学問として漢文を日常的に学んでいた。漢文と和歌は、武士の仕事に関わるものだった。戦争がなかったから、江戸時代の武士は役人＝サラリーマンである。彼らは漢文で役人としての仕事をこなした。また、切腹を命じられたときに、辞世の和歌の一つも詠めないでは武士とは言えなかった。

漢文は権力者＝統治者の学問だったのである。しかし、庶民は学校でしか漢文は学ばない。だから、勝負にならなかったのだ。それが「学力低下」の原因だった。なんと喜ばしい原因ではないか。庶民でも高等教育が受けられる時代がやって来たのだから。

◆他者としての漢字

もう少しポスト・コロニアリズムに引きつけて、説明を続けよう。

大和言葉は、もとは文字を持たなかった。そこで漢の時代の中国から、漢字を輸入した。さらにそこから平仮名を作り出して、大和言葉を表記する表音文字とした。その結果、漢字の音読みは中国語の発音で、訓読みはいわば大和言葉としての意味となった。たとえば、

「山」の中国語読みが「さん」であり、大和言葉としての意味は「やま」である。

それが平安時代四〇〇年を通して漢字は男の文字で、平仮名は女の文字となっていった。すなわち、漢字は権力者＝統治者の文字となったのである。

しかし江戸時代になると、鎖国の影響だろうか、国粋主義的な傾向を持つ国学者が育っていった。彼らには、権力者＝統治者の文字が中国からの借り物であることが耐えられなかった。現代思想風に言えば、日本は中国の文化的植民地だと考えたのである。そこで、大和言葉だけで通じるように、平仮名だけでものを書こうとした。

いま風に言えば、「漢字は他者の言語だ」ということになる。事実、こうした事情について論じた本に子安宣邦《のぶくに》『漢字論　不可避の他者』（岩波書店、二〇〇三・五）がある。つまり、現代思想としての漢字論には三つの方向があるわけだ。一つは、漢字の造語力が日本の近代化に大きく貢献したというもの。二つが、日本語にとって漢字は他者でしかないというもの。三つが、漢字は権力者＝統治者の文字だというもの。

この文章で齋藤希史が言っているのは、三つ目の方向なのだ。こういう前提がわかっていないと、この文章は取っつきにくかったかもしれない。現代思想でなにが「問題」として論じられているか、常にアンテナを張っていなければ評論問題には対応しきれないかもしれない。これは国公立大学の二次試験や私立大学の入学試験でも同様だが、その現代思想が「漢文脈論」だったところに、昨今のセンター試験の現代文に復古的な匂《にお》いを感じる。

これまでの説明で、「漢文」の隠れた対立項として、平仮名で書かれた「和文」があることがわかるだろう。ただしこれはあくまで説明的な文章なので、対立項は姿を見せない。姿は見せないが、根底には二項対立の発想があるわけだ。要約文は「漢文は権力者のもの」でいいだろう。

これで前提は十分に説明した。設問を検討してみよう。

問1 (ア)は「棒読み」だから、①「窮乏」、②「痛棒」、③「膨張」、④「無謀」、⑤「存亡」となって、「正解」は②である。(イ)は「占める」だから、①「浅薄」、②「旋風」、③「占拠」、④「宣告」、⑤「潜在」となって、「正解」は③である。(ウ)は「軍功」だから、①「拘泥」、②「首肯」、③「巧拙」、④「功罪」、⑤「生硬」となって、「正解」は④である。(エ)は「容易」だから、①「経緯」、②「簡易」、③「遺産」、④「偉大」、⑤「委細」となって、「正解」は②である。(オ)は「契機」だから、①「鶏口」、②「啓発」、③「契約」、④「恩恵」、⑤「警鐘」となって、「正解」は③である。

問2　傍線部Aまでは、漢文を儒学や朱子学という、中国から輸入されて江戸時代に主流となった学問との関わりで説明してきたが、狭い意味での学問を離れて説明しようというところ。以後の説明を**情報整理能力**で確認しなければならない。すべての選択肢が「中国に目を転じて時代をさかのぼり」とはじまることからわかるように、日本人の漢文学習の意味を、中国の歴史から明らかにしようとしているわけだ。ポイントは、「漢文は権力者のもの」である。それが書かれている選択肢は④しかない。

これで終わりだが、例によって念のために**情報整理能力**で検討しておこう。

①は少しぼんやりしているが、まったくのまちがいとは思われない。なぜなら、8で文学も「統治のために民情を知るという視線はすでに定まっています」(70行目)と述べているからである。ただし、「思想と文学の共通点」を具体的に書いていないので、これだけでは判断しにくいのだ。

②は、「中国に目を転じて時代をさかのぼ」るのは、すでに傍線部A以前で述べた「漢文が素養として公的に認知された」のとはちがった要因を探るためだ。だから、まちがい。

③は「近世後期の日本において漢文学習により知的世界が多様化した」がまちがい。「近

世後期の日本」では、統治のための学問として朱子学を重んじた（27行目より）。これは「多様化」と聞けば何でも「正解」だと思ってしまう受験生を引っかけようとしたのだろう。

⑤は「近世後期の日本において漢学の専門家以外にも漢学学習が広まった」がまちがい。事実としてはまちがいではないが、これはすでに傍線部A以前の31行目で説明してあるので、「中国に目を転じて時代をさかのぼ」って分析する理由にはならない。

というわけで「正解」は、選択肢の後半がぼんやりしているが、前半に「士大夫階級の意識」とある④である。このように、**「正解」の選択肢は曖昧《あいまい》な書き方になっている場合が多い。**あまりはっきり書くと、見え見えの「正解」になってしまうからだ。

問3　ここでも「書きことばは権力者のもの」というテーマを忘れてはいけない。近代以前の世界では、「書きことば」はそういう風に機能したのだ。第6段落から第9段落までの範囲で**情報整理能力**を使えばいい。

①は「身分秩序を説く中国古典文が社会規範として広く支持される」がまちがい。「古典詩はすでに士人のものだったことは、あきらかです」（75行目）と矛盾する。

③は「その世界で重視された儒家の教えが社会規範として流布し」が、①と同じ理由でま

ちがい。それに、①の「社会規範として広く支持される」と「社会規範として流布し」は同じことを言っている。**同じようなニュアンスの選択肢が複数あれば、それらはすべてまちがいであることがほとんどである。**「正解」は一つなのだから。

④は、前半が「リテラシーを獲得した人々」と「支配階層である士人」が別の階層であるように書かれているのがまちがい。繰り返すが、この時代は「書きことばは権力」なのである。また、最後の「科挙制度のもとで確立した身分秩序が流動化し」が「科挙は、士大夫を制度的に再生産するシステム」（78行目）と決定的に矛盾するので、まちがい。

⑤は「士大夫が堅持してきた書きことばの規範が大衆化し」がまちがい。民主主義の世界ではないのだから、権力は「大衆化」しない。

そこで、「正解」は②であるようだ。ただ、「リテラシーの獲得に対する人々の意欲が高まると」があやしい。こういうことは書いてない。これを自信を持って「正解」と言えない。むしろ、「リテラシーの獲得に対する人々の意欲が高まると」は①と同じ理由で、まちがいのサインのようにさえ読める。この設問も、「正解」は「ない」が正しい判断ではないだろうか。岩井克人の問題もそうだが、君たちは何ともまあとんでもない試験を受けさせられていることになる。

問4　情報整理能力としては、「行政能力が文、忠義の心が武」（124行目）がポイントである。

これからはずれた選択肢はまちがいだ。

①は「理想とする中国の士大夫」がまちがい。そういうことは一切書いていない。「日本独自の文と武に関する理念」は微妙だが、「中国の士大夫があくまで文によって立つことでアイデンティティを確保していた」（110行目）と食いちがう。中国の士大夫には「武」に対応するものがないのである。

②は「刀」を「漢文学習によって得られた吏僚としての資格」とするのがまちがい。「行政能力が文」なのであって、「刀」は「忠義の心が武」に対応する。

③は「刀を持つことが本来意味していた忠義の精神」がまちがい。「刀」が「忠義の精神」の象徴となったのは、近世後期に漢学を学習したことによって起きたのである。

⑤は「出世のための学問を重んじる風潮に流されず」が「学問は士族が身を立てるために必須の要件となりました」（151行目）と矛盾するので、まちがい。これは「出世のための学問を重んじる風潮に流されず」と書くと、「良い子だから○」と反応してしまう受験生を引っかけようとしたのだろう。

したがって、「正解」は④である。これはスッキリしている。その分、問題文そのまんまの要約で、難易度はかなり下がる。それでも、「正解」がないよりはましだ。

問5　これは、だって、「書きことばは権力者のもの」＝「漢文は権力者のもの」だからだ。このテーマでここまで設問に答えてきたのだから、まちがえようがない。③がそのまんまだ。これが「正解」だ。さて、紛らわしい誤答はつくれるのだろうか。

①は「幕府の教化政策を推進する」がまちがい。そういうことは一切書いていない。「教化のための儒学」（165行目）で引っかけようとしたのだろうが、これはあくまで武士の話だ。

②は「個々の内面において調和させる」がまちがい。「武士は武から外れることは許されません」（112行目）と矛盾する。

④は選択肢後半の「士人としての生き方を超えた」以下がまちがい。そういうことは一切書いていない。これも「良い子」を引っかけようとしたのだろう。

⑤は「感化される」がまちがい。「同化」するのである。また、「天命として引き受ける」もまちがい。「国家を統治する役割」は、漢学によって学ぶものなのである。これは、結構いいダミーだったかもしれない。

問6　これは**情報整理能力**を慎重に用いる。

(i)①は「読み手に問いかけるような」がまちがい。そうなってはいない。②は特に問題はないから「正解」候補だ。③は「～のです」が「次の話題に移ることが明らかになって」がまちがい。④は「漢籍を待たずとも」などは固い言い回しではあるけれども、「学術的な言い回し」とは言えないので、まちがい。「正解」は②でいい。

(ii)①はよさそうで「正解」候補だ。②は「第17段落～第20段落が補足部分」がまちがい。この部分は〈漢文を習うことは、天下を背負うこと〉というテーマのだめ押しをしている。③は「大きく二つの部分に分けられ」がまちがい。どう見ても、問題文は三部構成である。④は「四つの部分」が③と同じ理由でまちがい。「正解」は①でいい。

なお、出典となった本は、いまは角川ソフィア文庫で読むことができる。

これで評論問題は終わった。評論問題はテクニックも大切だが、現代思想のトレンドをつかんでおくと、ポイントを外さず、とても読みやすくなる。できるだけ「教養」を身につけて試験に臨んでほしいと思う。

おわりに

この本の目的は、センター試験の現代文がいかに「国語」でないかを、実際に問題を解きながら明らかにするところにあった。強い言い方をすれば、「告発」だろうか。

小説問題はまるで「道徳」だし、評論問題は問題文とわけのわからない選択肢を対照する能力があれば「正解」が決められる。極端に言えば、評論問題は内容がわからなくても「消去法」さえ使いこなせれば「正解」が割り出せる。と言うよりも、「消去法」以外にほとんど有効な方法はないのだ。

小説問題についてはこの本でもかなり書いたから、評論問題について少し書いておこう。評論問題については、私立大学受験国語の現代文がほぼ評論問題だから、同じようなものではないかと批判されそうだ。入試国語ウォッチャーとして言うなら、たしかに、中には空欄補充問題ばかりとか抜き出し問題ばかりといった、センター試験の評論問題よりも志もレベルも低い問題があることは否定しない。しかし、多くの評論問題はそうではない。

それは、問題をつくる側が「わが大学の学生になるなら、こういう思考方法は身につけておいてほしい」というメッセージとしてつくっているからだ。入試問題作りに得手不得手があることはたしかだが、ただ点差がつきさえすればいいと思って入試問題をつくるような教員はあまりいない。

僕も成城大学に勤めていたときには、不幸にして合格できなかった受験生にもメッセージだけは受け止めてほしいと願うような気持ちでつくっていたものだ。進学校の国語の先生から、「成城の現代文は、設問を解いていくと、最後に本文がきちんと理解できるようになっていて美しいですね。だから、演習にはよく使っています」と言われたことがあった。お世辞かもしれなかったけれども、そういう気持ちでつくっていたことは事実だ。

もちろん、センター試験の評論問題にも、言い分はあるだろう。たとえば成城大学の入試問題は、ゆるやかな思想教育だったかもしれない。センター試験の評論問題にはそれは求められていないし、むしろやってはいけないことかもしれない。だから僕が「整理整頓型」と呼んでいる、公立高校の入試評論の延長線上にあるような作問しか許されていないのかもしれない。しかしその結果、「消去法」だけで「正解」が決められてしまうような問題となっているのだ。

正直に告白すると、僕は評論問題の解説をしていて、うんざりした。徒労感のようなものしか残らなかった。これで運命が決まるとしたら、受験生があまりに不幸だ。いま、センター試験に替わる学力確認試験のようなものが構想されている。受験者数を考えれば、それもマークシートで解答できるような作問にならざるを得ない。僕はやっぱり「くだらない」という感想を持つと思う。

それでも、文章である以上はメッセージを持つ。「良い子になれ」だ。こうした「国語教育という思想」はむしろ強化される傾向にある。それが、大学入試にあたって人物重視を打ち出した方針である。

大学入試にあたって、文部科学省は受験生の「人物評価」を加味する方向に動いているが、バカげていると思う。僕も含めて、世間知らずのくせに学内政治好きも少なくない大学教員に「人物評価」をする資格などあるはずがない。そんな大学教員が好むような「良い子」ばかりの大学は、もう大学ではない。

早稲田大学教育学部では自己推薦入試という推薦入試を行っているが、教育心理学が専門の専修では面接を行っていない。

現実問題として、一般入試で面接を導入するなら、一次をペーパー試験にして「足切り」を行い、二次が面接にならざるを得ない。受験生の負担はとても大きくなる。それでも一人に数分が確保できればいい方だ。面接の技術を習得しているわけでもない大学教員に数分で何が見抜けるわけでもないし、君たちだって数分ぐらいの面接時間だったら猫を被ることぐらいはできるだろう。

慶應義塾大学のＡＯ入試のように三〇分以上の面接や口頭試問ができない以上は、ほぼ無意味に終わることは誰《だれ》にでもわかることだ。それなのに、なぜか文部科学省の役人だけにはわからないらしい。

もっと大切なこともある。大学入試はそれまでの人生をリセットできるいい機会でもある。人生がリセットできる数少ない機会を奪うべきではない。もちろん、それまで積み重ねてきた努力を評価してほしいという受験生もいるだろう。そういう受験生のためには、推薦入試枠をきちんと設けておけばいい。

「人物評価」重視の方向はむしろ着々と進行している。文部科学省は「紙の上の学校」だけでは満足できず、現実の世界でもずうっと「良い子」であることを求めはじめたようだ。何と息苦しいことだろうか。息が詰まりそうな学校空間ができあがってしまうだろう。

道徳の教科化も同じ発想からきている。「愛国心を持った良い子をつくろう」というわけだ。マナーは、なぜそうしなければならないかをきちんと説明した上で教えなければならないと思う。しかし、「道徳の教科化」には副作用が大きすぎる。大切なことだから、改めて書いておく。

これからの日本には新しい個性が求められているのだとすれば、「道徳の教科化」は「ゆとり教育」がもたらした以上の、深刻な結果をもたらすだろう。「道徳」の内容がナショナリズムに染め上げられる可能性が高いことはひとまず置くとしよう。最大の問題は、「道徳」が人間の世界に対する態度を一つに決めてしまうことにある。そういう教育から新しい個性は生まれにくい。これが受験国語問題作成の思想が炙《あぶ》り出す結論だ。

かつて『教養としての大学受験国語』（ちくま新書）を書いたときに、この本は一〇年間は持つだろうと偉そうに書いた。刊行からもう一五年近く経つ。まだ基本のところは使えると思っているが、現代思想にはトレンドがある。この本で評論問題を解説しながら、そろそろ「新版」を書く時期かなあと思いはじめた。

それから、『国語教科書の思想』（同）では、小学校と中学校の国語教科書がいかに「道徳」なのかを炙り出した。ほとんど「社会学」と化している現在の高等学校の国語教科書についても書いておかなければならないと思っている。

最後に、お礼を言っておきたい。

はじめセンター試験の現代文を解いてみてずいぶんまちがえた僕は、青くなって過去問問題集を買いに走った。『大学入試 センター試験過去問レビュー 国語』（河合出版）と『センター試験過去問研究 国語』（教学社）である。君たちも、これで過去問の勉強をするだろう。河合出版のは、問題文を丁寧にまとめ直して、それにそって「正解」を導く実に正統的な解説に特徴があり、教学社のは、解説自体はやや簡略ながら、ときおり挟み込まれるテクニックの解説に特徴があった。この本では、「正解」への道筋は僕なりに付けようと努力したが、どれだけ考えてもこの二冊と同じにならざるを得なかったこともあった。その意味で、河合出版と教学社にお礼申し上げたい。

編集を担当して下さった金子千里さんにもお礼申し上げたい。

二〇一四年六月

石原千秋

ちくまプリマー新書217

打倒《だとう》！ センター試験《しけん》の現代文《げんだいぶん》

二〇一四年七月 十 日 初版第一刷発行
二〇一四年八月二十日 初版第二刷発行

著者 石原千秋（いしはら・ちあき）

装幀 クラフト・エヴィング商會

発行者 熊沢敏之

発行所 株式会社筑摩書房
東京都台東区蔵前二‐五‐三 〒一一一‐八七五五
振替〇〇一六〇‐八‐四一二三

印刷・製本 株式会社精興社

ISBN978-4-480-68919-1 C0295 Printed in Japan

乱丁・落丁本の場合は、左記宛にご送付下さい。
送料小社負担でお取り替えいたします。
ご注文・お問い合わせも左記へお願いします。
〒三三一‐八五〇七 さいたま市北区櫛引町二‐六〇四
筑摩書房サービスセンター 電話〇四八‐六五一‐〇〇五三